Serie: Libros Adventistas Olvidados

1844 Hecho Simple

Clifford Goldstein

Título de este libro en inglés:

1844 Made Simple

Traducción: Miguel A. Valdivia

Diseño: Tim Larson

Portada: Lars Justinen

Dedicado a David Mills,
dondequiera que esté.

Contenido

Capítulo Uno

Nunca olvidaré la emoción que sentí cuando salí de las tinieblas del escepticismo, agnosticismo e incluso el espiritualismo y entré en la luz del mensaje de los tres ángeles. El Señor me levantó del pecado, la muerte, la alienación y el vacío que cubrían una vida alejada de Dios, y me condujo no sólo al conocimiento de Jesús, sino también al adventismo, a la verdad presente, al más importante movimiento desde la Reforma Protestante.

Sin embargo, no todo era bueno en Sión. Me uní al movimiento adventista en medio de rumores, bullicio y rebeliones que agitaban la iglesia; no obstante, en mi inocencia de recién convertido, la mayor parte de esto me pasó de largo. Desapercibido, yo era un bebé sonriente que ignoraba las amargas lecciones de la vida.

Cuando tenía tres meses de adventista, un amigo me contó acerca de un profesor de teología del lado oeste de los Estados Unidos, que negaba el juicio investigador de 1844.

¿Qué importa?, respondí.

Yo había visto los diagramas, había leído acerca de 1844, y creía en ello porque Elena G. de White lo creyó, y yo creía lo que ella había creído. Pero ¿qué importa? Mi único tema durante mis primeros seis meses de adventista era la marca de la bestia. Había dado docenas de estudios bíblicos sobre la marca de la bestia. Incluso llegué a escribir en paredes de baños acerca de la marca de la bestia. ¿1844? Parecía poco importante.

Al comienzo de 1981, llegué a mi primera comunidad adventista. Allí los rumores acerca de 1844 y la controversia sobre el santuario eran más que bullicio, ¡eran rugidos! Era la conversación del desayuno, almuerzo, cena y entre las comidas. Aunque no entendía a qué se debía todo el alboroto, una cosa sabía: Nada me iba a hacer tambalear.

Pero entonces empezaron a confrontarme con estas preguntas: ¿Cómo se demuestra que hay un juicio investigador desde 1844 en base a Daniel 8:14? ¿Cómo se sabe que el principio de día por año es válido? Y si es válido, ¿por qué aplicarlo a los 2.300 días? ¿Cómo se une Daniel 8 con Daniel 9? ¿Por qué no hay conexión verbal entre la palabra purificado de Daniel 8:14 con la de Levítico 16:16? Las dos tienen diferentes raíces en el hebreo. ¿Cómo se sabe que las 2.300 tardes y mañanas de Daniel 8 no son 1.150 días, como algunos lo sugieren? (Ver la nota aclaratoria de Daniel 8:14 en la Biblia de Jerusalén.) ¿No ve cómo el libro de Hebreos coloca a Cristo en el segundo departamento del santuario mucho antes de 1844? ¿No es Antíoco Epífanes el cuerno pequeño de Daniel 8? Y de paso, ¿sabe usted cuánto copió Elena G. de White de otros autores?

Yo no tenía las respuestas, y aquellos de quienes esperaba obtener alguna, ¡tampoco! Por todos lados la gente atacaba la doctrina o por lo menos expresaba escepticismo hacia ella. No sabía en quién confiar, ni adonde ir.

Como resultado de todo esto, ya no creía en el juicio investigador de 1844. Simplemente no podía encontrarlo en la Biblia y las implicaciones de tal conclusión ¡me hacían tambalear! Nunca me había percatado hasta ese momento, de hasta qué medida nuestro mensaje dependía de 1844. Instantáneamente mi fe en el mensaje adventista se desmoronó.

Lo primero que definidamente debía salir del camino era Elena G. de White. Si 1844 no era bíblico, Elena G. de White entraba en la categoría de Mary Baker Eddy, fundadora de la Iglesia Científica Cristiana, y José Smith, fundador del mormonismo.

Comencé a dudar de la idea del adventismo como la iglesia remanente. Si 1844 no era bíblico, la iglesia tampoco.

Empecé a preguntarme cuán importante en realidad era la ley y en particular el sábado.

¡Incluso comencé a dudar de la marca de la bestia!

¿Había sido toda mi experiencia con Dios una pura casualidad?

Derramé mi alma en oración, rogando por la verdad. Si este mensaje no era verdadero, yo lo abandonaría. No había sido adventista por tanto tiempo, la iglesia no significaba mucho para mí. Además, no me gustaba la idea de ser vegetariano. Mi agresiva búsqueda de la verdad me había llevado al adventismo, pero si esa búsqueda me estaba llevando a otra parte, yo estaba listo.

Regresé adonde el problema había comenzado; si no podía encontrar en la Biblia este asunto de 1844, sin la ayuda de Elena G. de White (en ese tiempo ella representaba muy poca autoridad para mí), yo empacaría mis cosas y volvería a Israel, donde estaba viviendo cuando comencé a creer en Jesús. La simple lógica me decía que si 1844 no era bíblico, el adventismo era una secta seudocristiana.

Así que oré y estudié profundamente la Biblia. Busqué una comprensión de la verdad, porque sabía que el destino de mi vida, y posiblemente incluso el de mi vida eterna, estaban en juego. Y no usé a Elena G. de White.

Terminé unas pocas semanas después. Mi conclusión: ¡Si usted usa sólo el Antiguo Testamento, tendrá tanta evidencia para un juicio investigador desde 1844 como para probar que Jesús de Nazaret es el Mesías!

Antes, cuando leía Daniel 8, no podía imaginar cómo alguien podía encontrar allí el juicio. ¡Pero ahora, después de mis estudios, cuando leo Daniel 8, no imagino cómo algunos pueden ignorarlo!

De pronto nací de nuevo, ¡otra vez! La duda, la inseguridad y el desánimo se fueron. Sentí como que había sido curado de una enfermedad. Estaba más convencido del adventismo que cuando llegué a la comunidad adventista por primera vez, y ahora me daba cuenta de cuan frágil había sido mi fundamento.

Instantáneamente todas las dudas sobre Elena G. de White desaparecieron. Pensé, ¡ciertamente aquella anciana conocía exactamente de qué estaba hablando! Desde ese momento, nunca he dudado de Elena G. de White como una profetisa;

más aún, mi confianza en la verdad de 1844 me ha permitido verla como una de las más grandes entre los profetas.

Mi comprensión de 1844 me dio una nueva experiencia con Jesús, con el adventismo y con el espíritu de profecía. Cuando descubrí cuan bíblico era 1844, supe que esta iglesia es todo lo que pretende ser, y las dudas acerca de la ley y el sábado se desvanecieron.

A pesar de las apostasías, a pesar de nuestra tibieza laodicense, a pesar de los escándalos, a pesar de cualquier cosa y a todas las cosas que le suceden a esta iglesia, la enseñanza de 1844 prueba más allá de cualquier duda que la Iglesia Adventista del Séptimo Día es la iglesia remanente de la profecía bíblica y que nuestro mensaje es verdad presente. El juicio desde 1844, más que el estado de los muertos, el sábado y la segunda venida, establece la validez del adventismo. Todas esas otras doctrinas son aceptadas por algunas otras denominaciones, pero los adventistas son los únicos que predican que desde 1844 hay un juicio investigador. Mientras usted no conozca la verdad de 1844 y no advierta que los adventistas son los únicos que la enseñan, nunca comprenderá totalmente nuestro llamado, nuestro propósito o nuestra misión.

Yo fui obligado a aprender o a dejar este mensaje. Para mí no había término medio. Y cuan agradecido estoy de que el mismo Dios que me llevó a creer en él, me llevó de entre todas las religiones del mundo al cristianismo; y de entre todas las denominaciones que hay en el cristianismo, al adventismo. ¡Cuán agradecido estoy de que también me salvó de la apostasía!

Con todo, pronto noté que casi cada adventista que conocía, joven o anciano, convertido o nacido en la iglesia, hombre o mujer, blanco o negro, en el este o el oeste, liberal o conservador, casi ninguno podía extraer 1844 de la Biblia. ¡Y a la mayoría tampoco le interesaba! No creían que fuese importante.

He estado de pie frente a iglesias de 300 personas y preguntado, ¿cuántos de ustedes, sin usar a Elena G. de White, pueden dar un estudio bíblico sobre 1844 y el juicio investigador? Vez tras vez, sólo dos o tres manos se levantaban. La mayoría de los adventistas no podrían dar un estudio inteligente sobre esta doctrina, aun si su destino eterno dependiera de ello. Hay la posibilidad de que usted que lee este libro, de la misma manera no pueda ofrecer una explicación satisfactoria sobre el significado de 1844, o dar una respuesta clara a los argumentos presentados en contra de esta doctrina. Probablemente no ha oído una predicación sobre esto o leído algo acerca de esto en años.

Usted puede estar convertido. Puede ser que diezme fielmente y practique el vegetarianismo. Puede dar estudios bíblicos, ganar almas, ser un cristiano que ama y que es amado. Pero si usted no está fundamentado en la doctrina de 1844, si no tiene por lo menos un entendimiento rudimentario de esta enseñanza, entonces no está preparado para las pruebas y el zarandeo. Si yo hubiese tenido que enfrentar el tiempo de prueba final, con mi comprensión superficial de 1844, hubiera sido barrido como una hoja en un tornado.

No estoy hablando de salvación por medio de teología. La fecha de 1844 o la comprensión de ella, no nos salva. Pero si 1844 no es bíblico, nuestro mensaje es falso, somos una iglesia falsa, enseñando un mensaje falso y guiando a la gente con engaños por un camino cuesta abajo. Una de dos, o 1844 es verdad y tenemos la verdad, o es falso y hemos heredado y enseñado mentiras.

Quizás usted nunca ha sido confrontado con este asunto o nunca pensó acerca de ello. Algún día lo hará. Hemos sido apercibidos de que todo lo que pueda ser zarandeado será zarandeado, y como pueblo, nosotros aún no hemos comenzado a comprender lo que el zarandeo significa. Tarde o temprano nuestra fe será probada hasta lo sumo.

El diablo vendrá contra nosotros desde todas las direcciones, buscando cualquier brecha o área débil, en un esfuerzo por apartarnos de la verdad. Y usted puede estar seguro que 1844 será un blanco primordial. Si usted cree en el mensaje, dé todas maneras le será muy difícil mantenerse fiel cuando pierda su trabajo, su casa y cuando no pueda comprar alimentos. ¡Pero imagine todas estas presiones externas, incluyendo amenazas contra su vida, cuando para empezar usted duda seriamente del adventismo y su verdad! Si alguien puede sacudir su fe con respecto a 1844, usted dudará de todo el mensaje, y si duda del mensaje, ¿cómo podrá mantenerse en pie?

¿Quién moriría por un mensaje del que duda? ¿Quién dejaría que sus hijos pasen hambre por una creencia de la cual no está convencido? ¿O quién podría ver que le quiten a sus hijos por una doctrina que no puede probar con la Biblia? Usted no necesita ser un teólogo, pero el pueblo sí perecerá por falta de conocimiento, y con toda esta verdad a nuestro alcance no tendremos excusas por no entenderla.

El juicio investigador de 1844, el pilar teológico de nuestro movimiento, descansa como una reliquia empolvada en el armario de la familia adventista. Sabemos que está allí, todos lo conocemos, pero nadie se preocupa por ello. No estamos seguros de qué hacer con 1844. No estamos seguros de qué significa o si realmente lo necesitamos. Incluso no estamos seguros si después de todo es tan importante (como lo revelan la escasez de sermones, artículos y libros acerca del tema). Con todo, cuando se descarta 1844, también se descarta el adventismo. Qué habilidad la del diablo al hacernos poner a un lado nuestra doctrina más básica. El sabe que cuando nos arrebata este fundamento, nos desmoronamos y caemos. Sólo espera el momento exacto para hacer caer a tantos adventistas como pueda.

No estoy hablando de una teoría o especulación, sino de una experiencia. Sé lo que le pasará a aquellos que no están fundamentados en este mensaje, porque me ocurrió a mí bajo circunstancias que fueron patéticamente fáciles, comparadas con las que la iglesia pronto enfrentará.

Pero ahora veo cuánta confianza, fuerza y seguridad me ha dado el entendimiento de esta verdad. La enseñanza de 1844 da irrefutable solidez al hecho de que el adventismo es la verdad para este tiempo; es por ello que el enemigo se ha esforzado grandemente para minimizarla, y yo me espanto ante su tremendo éxito.

En 1986 hice una serie de grabaciones para el *American Cassette Ministries* (Ministerio americano de casetes), titulada "1844 Hecho Simple". Usé las investigaciones de los mejores teólogos del adventismo, los hombres que han demolido casi todos, si no todos los argumentos contra 1844. A pesar de esto, la mayoría de los adventistas nunca han escuchado de sus investigaciones o libros, menos aún los han leído. Además, el material es profundo y teológico, y muchos de nosotros preferiríamos sentarnos frente al televisor antes que estudiar nuestro mensaje. He tomado estas publicaciones (mayormente de los volúmenes 1, 2 y 3 de la serie del Comité de Daniel y Apocalipsis) y las simplifiqué para dar cursillos en iglesias y reuniones campestres.

Este libro está basado en esas cintas, fue escrito para presentar la doctrina del juicio investigador desde 1844, en la manera más simple y clara que me es posible, creyendo que la comprensión de esta doctrina es crucial no sólo para entender el adventismo, sino también para la preparación de nuestro pueblo para el encuentro con la crisis que se avecina.

El libro está dividido en tres secciones. La primera es el estudio de cómo se consigue la fecha en la Biblia. La segunda contesta muchos de los argumentos usados contra el juicio investigador. Y la tercera sección responde a la pregunta: ¿Cuál es el significado del juicio investigador?

Un comentario final. No uso a Elena G. de White. Algunos argumentan que ella no fue una teóloga y por lo tanto no es buena para la teología. Supongo que, en el sentido clásico de la palabra, ella no fue una teóloga, ¡fue una profetisa! Y yo siempre tomaría la palabra de un profeta por encima de cualquier teólogo. Con todo, nosotros no tenemos que basar nuestra comprensión de 1844 en ella. No use a Elena G. de White para adquirir solidez en la Biblia. Consiga solidez en la Biblia y estará sólido en ella. Base 1844 en la Biblia y usted permanecerá inamovible en cuanto a Elena G. de White. Úsela como su base para 1844 y tanto ella como 1844 se derrumbarán.

Yo lo sé.

Capítulo Dos

¿Ocurrió el juicio investigador en el año 31 d.C., o después? La respuesta hace o deshace el adventismo. Si como algunos entre nosotros han afirmado, el juicio ocurrió en el 31 d.C. con la ascensión de Cristo a la "diestra de Dios" en el cielo, entonces la doctrina del juicio investigador de 1844 no es otra cosa sino una artimaña fraguada por milleritas frustrados, quienes debían buscar una forma de librarse de la vergüenza del gran chasco.

Entonces, ¿ocurrió el juicio en el 31 d.C.? Lea los siguientes textos:

"Por cuanto ha establecido un día en el cual juzgará al mundo con justicia, por aquel varón a quien designó, dando fe a todos con haberle levantado de los muertos" (Hechos 17:31).

"Pero al disertar Pablo acerca de la justicia, del dominio propio y del juicio venidero, Félix se espantó" (Hechos 24:25).

"Dios juzgará por Jesucristo los secretos de los hombres, conforme a mi evangelio" (Romanos 2:16).

"Pero tú, ¿por qué juzgas a tu hermano? O tú también, ¿por qué menosprecias a tu hermano? Porque todos compareceremos ante el tribunal de Cristo. Porque escrito está: Vivo yo, dice el Señor, que ante mí se doblará toda rodilla, y toda lengua confesará a Dios. De manera que cada uno de nosotros dará a Dios cuenta de sí" (Romanos 14:10-12).

"El Señor juzgará a su pueblo" (Hebreos 10:30).

Estos pocos textos tienen varias cosas en común. La primera, y la más notable, es que son del Nuevo Testamento: Hebreos, Hechos, Romanos.

También se refieren al juicio.

¿Pero en qué tiempo sitúan el juicio? ¿En el pasado, o en el futuro? "El Señor juzgará a su pueblo". "Todos compareceremos ante el tribunal de Cristo". Obviamente, estos textos se refieren a algún tipo de juicio futuro y algunos de ellos se refieren específicamente al juicio del pueblo de Dios.

¿Qué es lo que tenemos? Pasajes del Nuevo Testamento, algunos de los cuales se refieren a un juicio futuro de los cristianos. Y debido a que los libros del Nuevo Testamento fueron escritos diez, veinte, treinta años después de la cruz y debido a que estos textos señalan un juicio que ha de ocurrir después de que ellos mismos fueron escritos, entonces obviamente ese juicio debe ocurrir en algún momento posterior al 31 d. C.

Este detalle, aunque sencillo, es crucial: porque el meollo de la herejía que ha estado perjudicando al adventismo coloca al juicio en la cruz. Estos textos, sin embargo, muestran el error de colocar el juicio de los creyentes en el 31 d. C. Aunque no dan la fecha, por lo menos muestran que el 31 d. C. no es la fecha correcta.

¿Y qué diremos acerca del texto: "Ahora es el juicio de este mundo" (Juan 12:31), lo cual Jesús habló refiriéndose a su muerte cercana? ¿Acaso estas palabras no indican que el juicio ocurrió en la cruz?

Ciertamente, en cierto sentido sí ocurrió un juicio en la cruz. El inmaculado Hijo de Dios vino a la Tierra en carne humana, derramó todo el amor del cielo sobre la humanidad y sólo recibió el rechazo y el desprecio de los hombres. Todo el mundo quedó condenado por la muerte de Jesús. En este sentido, sí ocurrió un juicio en la cruz, pero no el juicio *investigador*.

La Biblia habla acerca de varios tipos de juicios. La tierra cayó bajo juicio después del pecado de Adán. El diluvio fue un juicio contra la humanidad. El antiguo Israel enfrentó numerosos juicios. Los hombres enfrentarán un juicio cuando

Jesús regrese a la tierra. Estaremos involucrados en un juicio durante el milenio, cuando "hemos de juzgar a los ángeles" (1 Corintios 6:3). También existirá el juicio ejecutivo, cuando los impíos serán consumidos para siempre: "Y el que no se halló inscrito en el libro de la vida fue lanzado al lago de fuego" (Apocalipsis 20:15).

¿Pero a qué tipo de juicio se referían algunos de los textos que hemos citado? Pablo dijo que "todos compareceremos ante el tribunal de Cristo". Pablo se incluyó a sí mismo en ese juicio. Pablo era un creyente. ¿A quiénes le escribía? A otros creyentes. Todos ellos, incluyendo a Pablo, habrían de ser juzgados por Dios. En efecto, "el Señor juzgará a su pueblo".

¿Cuándo, entonces, serán juzgados los creyentes? De acuerdo con los pocos textos que hemos leído, los creyentes deberán enfrentar algún tipo de juicio, y ese juicio deberá ocurrir en algún momento posterior al 31 d. C. Es a ese juicio al que los adventistas se refieren como el juicio investigador.

Capítulo Tres

Aunque hemos podido notar que el juicio del pueblo de Dios ocurre después del 31 d. C., aún falta mucho para llegar a la conclusión de que ocurrió en 1844. Para lograrlo, vayamos al libro de Daniel, comenzando en el capítulo 2.

La mayoría de los adventistas conocen bastante el capítulo 2 de Daniel. El rey Nabucodonosor de Babilonia tuvo un sueño, pero no podía recordarlo y mucho menos interpretarlo. Los magos, los astrólogos, los hechiceros y caldeos de Babilonia ofrecieron interpretarlo, si el rey les describía el sueño. El rey, sin embargo, no sólo quería que le interpretaran el sueño, sino que también se lo revelaran. "No hay hombre sobre la tierra exclamaron los caldeos que pueda declarar el asunto del rey; además de esto, ningún rey, príncipe ni señor preguntó cosa semejante a ningún mago ni astrólogo ni caldeo" (versículo 10).

Airado, el rey decidió deshacerse de todos ellos, incluyendo a Daniel. No obstante, pronto Daniel recibió la respuesta que el rey buscaba en una "visión nocturna" y se lo relató al rey.

El sueño, desde luego, fue el de la "gran imagen". La cabeza era de oro, el pecho y los brazos de plata, el vientre y los muslos de bronce, las piernas de hierro y los pies en parte de hierro y en parte de barro cocido. Finalmente, "una piedra fue cortada, no con mano, e hirió a la imagen en sus pies de hierro y de barro cocido, y los desmenuzó. Entonces fueron desmenuzados también el hierro, el barro cocido, el bronce, la plata y el oro, y fueron como tamo de las eras del verano, y se los llevó el viento sin que de ellos quedara rastro alguno. Mas la piedra que hirió a la imagen fue hecha un gran monte que llenó toda la tierra" (versículos 34-35).

Entonces Daniel interpreta el sueño. Le dice al rey que su reino, Babilonia, es la cabeza de oro. Posteriormente se levantará otro reino (plata), luego otro (bronce), y entonces otro (hierro).

El reino de hierro será desmenuzado (parte de hierro y parte de barro cocido) en pequeños reinos que "no se unirán el uno con el otro, como el hierro no se mezcla con el barro" (versículo 43). La piedra cortada no con mano es el reino que Dios establecerá y perdurará para siempre.

Sabemos que el primer reino era Babilonia. Daniel lo aseguró. La historia revela que el próximo reino es Medo-Persia, el tercero Grecia y el cuarto Roma. El hierro y el barro mezclados son la división del Imperio Romano en las naciones de Europa (algunos han interpretado el hierro y el barro como el intento de unir la Iglesia y el Estado, lo que ocurrió durante la mayor parte de la historia europea). Estos reinos se establecieron en el orden exacto, aunque Daniel lo profetizó cientos de años antes de que los eventos ocurrieran. El reino que Dios establecerá viene después de la segunda venida de Cristo. Daniel 2, por lo tanto, luce así:

Oro	Babilonia
Plata	Medo-Persia
Bronce	Grecia
Hierro	Roma
Hierro / Barro	Europa
Piedra	Segunda venida de Cristo

Debemos notar dos asuntos importantes. Primero, Daniel 2 forma el bosquejo básico para el resto de las profecías apocalípticas (referentes al fin del mundo) que estudiaremos en Daniel. En otras palabras, el resto de las profecías apocalípticas amplían lo que ya se encuentra en Daniel 2. Daniel 2 es la base; los otros capítulos proféticos, añaden detalles y encajan dentro de la porción de la historia delineada en Daniel 2, que comienza con Babilonia y termina con la segunda venida de

Jesús. Las naciones que se describen en los capítulos posteriores son, como veremos, básicamente las mismas que se describen en Daniel 2.

El otro asunto importante tiene que ver con los varios metales mencionados en el sueño. Babilonia era oro, Medo-Persia era plata, Grecia era bronce y Roma, hierro. Cada reino tenía un metal diferente que lo describía. No obstante, Roma, Simbolizada por el hierro, continúa hasta el fin del tiempo. El hierro de Roma viene inmediatamente después de Grecia, Continúa hasta que se mezcla con barro, pero persiste en su existencia, sólo que en una forma diferente. "Sus piernas, de hierro; sus pies, en parte de hierro y en parte de barro cocido" (versículo 33). Lo importante es que el hierro, que simboliza a Roma, se extiende desde la caída de Grecia hasta que la piedra desmenuza todo en ocasión de la segunda venida de Cristo. Al principio, el hierro era puro; más tarde se mezcla con barro. Sin embargo, todavía es hierro. Más tarde advertiremos la importancia de este asunto.

Repasemos:

Hemos visto que el juicio del pueblo de Dios ocurre en algún momento después del 31 d. C.

Daniel 2, con su sucesión de reinos: Babilonia, Medo-Persia, Grecia y Roma (dos fases), precede a la segunda venida de Cristo y forma el bosquejo profético básico para el resto de las profecías apocalípticas de Daniel.

Finalmente, hemos visto que el hierro de Roma, que surge después de Grecia, se extiende hasta el fin del tiempo, aunque en algún momento cambia de forma.

Capítulo Cuatro

¿Qué capítulo de Daniel da más información concerniente al juicio investigador?

La mayoría respondería, Daniel 8. En ese capítulo se encuentra el texto clave: "Y él dijo: Hasta dos mil trescientas tardes y mañanas; luego el santuario será purificado" (Daniel 8:14). No obstante, esa respuesta está equivocada. Aunque Daniel 8 revela información valiosa, su importancia mayor radica en que nos da la fecha del juicio. En realidad, la cantidad mayor de referencias al juicio investigador en Daniel se encuentra en el capítulo 7. Si sólo tuviéramos Daniel 7, podríamos probar la existencia del juicio de los creyentes previo al advenimiento, y también podríamos deducir el tiempo aproximado de ese juicio.

Daniel 7 repite a Daniel 2, sólo que suple detalles adicionales. En este capítulo, Daniel mismo sueña acerca de cuatro grandes bestias que salen del mar. La primera bestia era como un león; la segunda bestia como un oso; la tercera bestia como un leopardo, aunque tenía cuatro alas y cuatro cabezas; y la cuarta bestia era "espantosa y terrible y en gran manera fuerte, la cual tenía unos dientes grandes de hierro; devoraba y desmenuzaba, y las sobras hollaba con sus pies, y era muy diferente de todas las bestias que vi antes de ella, y tenía diez cuernos" (versículos 4-7).

¿Quiénes son esas bestias? En la explicación de la visión, Daniel se entera de que representan cuatro reyes o reinos que surgirán, y que "la cuarta bestia será un cuarto reino en la tierra" (versículo 23). La primera bestia: el león, es Babilonia. La segunda bestia, el oso, simboliza a Medo-Persia. El que estuviese alzada de un costado más que del otro muestra la diferencia de poder entre las dos naciones de ese imperio. Las tres costillas que llevaba entre los dientes (versículo 5) se cree que son Lidia, Babilonia y Egipto, tres naciones que fueron aplastadas por el poder Medo-Persa. El leopardo era el próximo gran imperio mundial, y simbolizaba a los griegos bajo la dirección de Alejandro Magno. La cuarta bestia, desde luego era el último gran imperio: el romano.

Durante siglos, numerosos eruditos de la Biblia, judíos y cristianos, han estado de acuerdo en cuanto al significado de esta secuencia exacta de naciones. Esta interpretación no es exclusivamente adventista.

Note, también, que la profecía de Daniel 7 es similar a Daniel 2. Daniel 7 brinda más detalles que Daniel 2, y provee el fundamento para el resto de las profecías que estudiaremos.

En Daniel 2 y 7, se pone énfasis en el cuarto reino. Y en ambos capítulos aunque el cuarto reino es simbolizado por cosas diferentes, se observan similitudes. La primera, desde luego, es que se trata del cuarto poder en las dos visiones. En ambas sucede a Grecia. En ambos lugares se lo describe como "fuerte" (Daniel 2:40; 7:7). Los dos pasajes tienen la palabra hierro en sus descripciones. Vea Daniel 2:40; 7:7, 19. Ambos reinos desmenuzan a otros poderes. Vea Daniel 2:40; 7:19, 23. Y ambos poderes son divididos entre "reyes" o reinos (Daniel 2:41-44; 7:24). Es claro que se trata del mismo poder.

Sin embargo, en Daniel 7 aparece otro poder. Este poder no se separa de la cuarta bestia, Roma pagana; más bien, surge directamente de entre los diez cuernos que son parte de la cuarta bestia. Este poder es el cuerno pequeño. "Mientras yo contemplaba los cuernos, he aquí que otro cuerno pequeño salía entre ellos, y delante de él fueron arrancados tres cuernos de los primeros; y he aquí que este cuerno tenía ojos como de hombre, y una boca que hablaba grandes cosas" (versículo 8).

Más adelante se menciona nuevamente que el cuerno pequeño surge de la cuarta bestia: "de los diez cuernos que tenía en su cabeza, y del otro que le había salido, delante del cual habían caído tres; y este mismo cuerno tenía ojos, y boca que hablaba grandes cosas, y parecía más grande que sus compañeros" (versículos 20-21).

Más adelante se explica lo que son la cuarta bestia y el cuerno pequeño. "La cuarta bestia será un cuarto reino en la tierra, el cual será diferente de todos los otros reinos, y a toda la tierra devorará, trillará y despedazará. Y los diez cuernos significan que de aquel reino se levantarán diez reyes; y tras ellos se levantará otro, el cual será diferente de los primeros, y a tres reyes derribará. Y hablará palabras contra el Altísimo, y a los santos del Altísimo quebrantará, y pensará en cambiar los tiempos y la ley; y serán entregados en su mano hasta tiempo, y tiempos, y medio tiempo" (versículos 23-25).

En Daniel vimos que el hierro era el poder que surgiría después de Grecia, y aunque cambió de forma, todavía tenía hierro hasta el final. Todavía era el mismo poder. En Daniel 7, teníamos a una bestia que representaba a Babilonia, a otra bestia para Medo-Persia, otra para Grecia, y otra para Roma. El poder conocido como el cuerno pequeño era parte de la cuarta bestia que surgió después de Grecia, pero hacia el fin del tiempo pasa a la etapa del cuerno pequeño. Lo importante es que en Daniel 7, al igual que en Daniel 2, el poder que surge después de Grecia permanece hasta el fin del tiempo, aunque en una forma diferente. En el próximo capítulo veremos la importancia de este asunto.

Notamos que la cuarta bestia, y el cuerno que surge de ella, ocupan un lugar central en Daniel 7. Se dedica más tiempo a ellos que al resto de las bestias combinadas, y se describe con mayor detalle el cuerno pequeño que cualquier otra bestia, incluso la cuarta. Obviamente, la identificación del cuerno pequeño es de importancia clave.

Por varios siglos, los estudiosos de la Biblia han comprobado, sin dejar lugar a dudas, que el cuerno pequeño simboliza el poder papal. Y con toda razón: se ajusta perfectamente.

La mayoría de los adventistas han entendido esta identificación. Sin entrar en detalles (hay mucho material disponible sobre el tema), hagamos un repaso:

- Primero, el cuerno pequeño surgió de la Roma pagana. El papado también surgió de la Roma pagana.

- El cuerno pequeño surgió de entre las diez tribus bárbaras que sucedieron al Imperio Romano pagano. El papado surgió entre las diez tribus, haciendo caer a tres de ellas, tal como el versículo 24 dijo que sucedería ("Y a tres reyes derribará").

- Se dice que el cuerno pequeño es "diferente" a los otros cuernos, e indudablemente, el papado, un poder único en su clase, difería de las tribus bárbaras.

- El pequeño cuerno habría de ser más recio que los otros, y evidentemente el papado fue más poderoso que las tribus bárbaras; si no hubiera sido así, no podría haber derribado a tres de éstas.

- El cuerno pequeño hablaría "palabras contra el Altísimo". Las aseveraciones papales concernientes a la función y al poder del papa son "grandes cosas" contra Dios.

- El cuerno pequeño "hacía guerra contra los santos", y la historia muestra cómo el papado guerreó contra los hijos de Dios.

- Este poder "pensará en cambiar los tiempos y la ley". Cuando estudié esta profecía por primera vez, fui a la escuela católica, pedí un catecismo y busqué los Diez Mandamientos. Tal como se me había enseñado, el mandamiento que prohíbe la adoración de ídolos había sido eliminado. ¡Eso sí es cambiar la ley! Desde luego, todos los adventistas conocen las numerosas aseveraciones del papa acerca del cambio de la observancia del sábado al domingo, tales como: "La iglesia católica por más de mil años antes de la existencia de un protestante, por virtud de su divina misión, cambió el día de reposo del sábado al domingo" (*The Catholic Mirror*, 23 de septiembre, 1893).

La señal definitiva de identificación, quizá la más importante, es que se da una profecía de tiempo concerniente a la actividad del papado. Los santos serían entregados en su mano "hasta tiempo, y tiempos, y medio tiempo" (versículo 25). En la descripción del cuerno pequeño, encontramos la primera profecía apocalíptica de tiempo en el libro de Daniel.

"Tiempo, y tiempos, y medio tiempo" es una frase reconocida por eruditos judíos y gentiles con el significado de tres y medio años. Un tiempo es igual a un año, tiempos se refiere a dos años, y medio tiempo es la mitad de un año. En Apocalipsis 12, se hace referencia a este mismo período de tiempo y se iguala con "1.260 días". En la profecía, tres años y medio es igual a 1.260 días.

Daniel 7, entonces, señala un período de tiempo del cuerno pequeño equivalente a tres años y medio o 1.260 días. Durante muchos años, los adventistas y otros han aplicado el principio de día por año a esta profecía. Yo no quiero entrar en la discusión del principio de día por año ahora. En la segunda parte de este libro mostraré no sólo la validez del principio de día por año, sino cómo este principio debe aplicarse a las profecías de Daniel 7, 8 y 9 para que tengan sentido.

De todas formas, si aplicamos el principio de día por año a los 1.260 días, tendremos 1.260 años. ¿Se ajusta esto a un período de tiempo para el papado?

En 1698, Drue Cressner, un estudioso británico de la Biblia que estudiaba las profecías de Daniel 7 y Apocalipsis, llegó a las siguientes conclusiones: el cuerno pequeño de Daniel se refería al papado; el principio de día por año debe ser aplicado a estas profecías; y algo de naturaleza drástica sucedería al papado alrededor del año 1800. En sus propias palabras: "El tiempo de la bestia termina alrededor del año 1800" (citado por LeRoy Froom, *The Prophetic Faith of Our Fathers*, tomo 2, p. 595).

Sabemos que en el 538 d. C. el último poder arriano (uno de los tres cuernos derribados) fue expulsado de Roma, dándosele al papado la autoridad total sobre la ciudad. Exactamente 1.260 años después, en 1798, el general francés Berthier tomó preso al papa. Usted puede leer acerca de este evento en publicaciones católicas que describen el cautiverio del papa, quien murió en el exilio en manos de los franceses. (Sabemos que aunque el papado recibió una herida mortal, más tarde revivió. Daniel 7, que cubre miles de años en unos pocos versículos, no tiene espacio para detalles. Más adelante, en el Apocalipsis, especialmente el capítulo 13, se nos brinda un enfoque más detallado de lo que sucedió al final del período de 1.260 años y la recuperación del papado.)

Drue Cressner, al aplicar las profecías al papado, predijo que algo le sucedería "cerca del año 1800". *¡Su predicción sería como si alguien en 1888 hubiera predicho quién sería el presidente de los Estados Unidos en 1988!*

La razón por la que él pudo ser tan exacto, es que el papado cumple esta profecía perfectamente. Por siglos, los protestantes unánimemente aplicaron esta profecía al papado. Lutero, Zwinglio, Calvino, Melanchton, todos los reformadores durante los siguientes tres siglos entendieron que el cuerno pequeño de Daniel 7 se refería al papado. (Para un estudio limitado de por qué pocos protestantes aplican esta profecía al papado actualmente, vea mi librito *Manos sobre el abismo*, Pacific Press, 1988.) Aun antes de la reforma, un erudito judío llamado Isaac Abravanel, después de estudiar Daniel 7, escribió: "He llegado a la conclusión privada de que el cuerno pequeño se refiere al dominio del papado" (citado por LeRoy Froom, *The Prophetic Faith of Our Fathers*, tomo 2, p. 228).

Hasta este momento hemos visto en orden cronológico a Babilonia, Medo-Persia, Grecia, Roma pagana y Roma papal. Esta es la secuencia exacta de Daniel 7:

Babilonia

Medo-Persia

Grecia

Roma pagana
Roma papal

¿Pero qué viene *después* de Roma papal en la profecía?

"Mientras yo contemplaba los cuernos, he aquí que otro cuerno pequeño salía entre ellos, y delante de él fueron arrancados tres cuernos de los primeros; y he aquí que este cuerno tenía ojos como de hombre, y una boca que hablaba grandes cosas. *Estuve mirando hasta que fueron puestos tronos, y se sentó un anciano de días, cuyo vestido era blanco como la nieve, y el pelo de su cabeza como lana limpia; su trono llama de fuego, y las ruedas del mismo, fuego ardiente. Un río de fuego procedía y salía de delante de él; millares de millares le servían, y millones de millones asistían delante de él; el Juez se sentó, y los libros fueron abiertos...* **Y le fue dado dominio, gloria y reino, para que todos los pueblos, naciones y lenguas le sirvieran; su dominio es dominio eterno, que nunca pasará, y su reino uno que no será destruido"** (versículos 8-14).

El versículo 8 describe el poder del cuerno pequeño. ¿Qué viene inmediatamente después en los versículos 9 y 10? Vemos tronos que fueron "puestos". Vemos al "Anciano de días", a quien reconocemos como Dios. Vemos ríos de fuego; vemos "millares de millares" delante de él, y finalmente: "el Juez se sentó, y los libros fueron abiertos". ¡Indudablemente, esta escena describe un juicio en el cielo!

Lea los versículos 8 hasta el 10 nuevamente. Se trata de una escena de juicio divino, y obviamente, considerando el contexto, este juicio ocurre en el cielo.

¿Y qué sucede después de esta escena de juicio celestial? Dios establece su reino, un reino "que nunca pasará" (versículo 14). ¿Cuándo es que Dios finalmente establece su reino? En ocasión de la segunda venida de Jesús.

Observe el *orden* específico de eventos en estos pocos versículos. Esta parte es crucial. Tenemos este cuerno pequeño (el que surge de la cuarta bestia, según las tres descripciones citadas), luego una escena de juicio en el cielo y finalmente Dios establece su reino.

Cuerno pequeño. Juicio en el cielo. Dios establece su reino. Lea estos versículos nuevamente hasta que pueda notar esta secuencia. Es importante que lo entienda.

Esta secuencia es tan crucial que se repite nuevamente en el mismo capítulo. "Y veía yo que este cuerno [papado] hacía guerra contra los santos, y los vencía; *hasta que vino el Anciano de días, y se dio el juicio a los santos del Altísimo [juicio];* **y llegó el tiempo, y los santos recibieron el reino [el reino de Dios]"** (versículos 21-22).

Nuevamente, en el mismo orden cronológico que antes: cuerno pequeño (papado), el juicio y el reino de Dios.

Esta secuencia es tan importante que la tenemos por tercera vez en el mismo capítulo. "Y hablará palabras contra el Altísimo, y a los santos del Altísimo quebrantará, y pensará en cambiar los tiempos y la ley; y serán entregados en su mano hasta tiempo, y tiempos, y medio tiempo. *Pero se sentará el Juez*, **y le quitarán su dominio para que sea destruido y arruinado hasta el fin, y que el reino, y el dominio y la majestad de los reinos debajo de todo el cielo sea dado al pueblo de los santos del Altísimo, cuyo reino es reino eterno, y todos los dominios le servirán y obedecerán**" (versículos 25-27).

Aquí tenemos una descripción del cuerno pequeño que termina con la primera profecía de tiempo en Daniel, lo que destaca una fase de la obra de este cuerno pequeño. Después del cuerno pequeño tenemos el juicio. Finalmente, Dios establece su reino.

Esta secuencia, que se encuentra tres veces en Daniel 7, es esta:

1. Roma papal (cuerno pequeño)
2. Juicio en el cielo
3. El reino de Dios establecido

Veamos la secuencia que tenemos en el capítulo 7 en comparación con el capítulo 2.

DANIEL 2	DANIEL 7
Babilonia	Babilonia
Medo-Persia	Medo-Persia
Grecia	Grecia
Roma (pagana)	Roma (pagana)
Roma (Europa / papal)	Roma (papal)
	Juicio en el cielo
Reino de Dios	Reino de Dios.

Vemos en el diagrama anterior que todo lo que ocurre en Daniel 2 y Daniel 7 es cronológico. Se mueve a lo largo de una línea temporal desde el pasado hasta el futuro. ¿Dónde es que este diagrama localiza al juicio en el cielo?

Primero fue Babilonia. Después de Babilonia fue Medo-Persia. Después de Medo-Persia fue Grecia. Después de Grecia, Roma: pagana y papal. *Después de la Roma pagana y papal viene el juicio en el cielo.* Finalmente, Dios establece su reino.

Claramente, el juicio ocurre después de esta fase final del cuerno pequeño tal como se describe en la profecía de "tiempo, y tiempos, y medio tiempo" en Daniel 7, la primera profecía apocalíptica de tiempo en el libro. ¿Cuándo terminó esta fase del cuerno pequeño?

Babilonia sucumbió en el 539 a. C. *Después* de Babilonia –*después* del 539 a. C.– vino Medo-Persia. Medo-Persia concluyó en el 331 a. C. *Después* de Medo-Persia –después del 331 a. C.– vino Grecia. Grecia concluyó en el 168 a. C. *Después* de Grecia –*después* de 168 a. C.– vino la Roma pagana y papal. El final de esa segunda fase de Roma terminó en el 1798 d. C. *Después* de Roma –*después* de 1798 d. C.– ¡viene el juicio en el cielo!

¿Resulta claro? Después de Babilonia (539 a. C.) vino Medo-Persia. Después de Medo-Persia (331 a. C.) vino Grecia. Después de Grecia (168 a. C.) vino Roma. Después de Roma (1798 d. C.) vino el juicio en el cielo. Y después del juicio en el cielo, ¡Dios establece su reino!

Babilonia (539 a. C.)
Medo-Persia (331 a. C.)
Grecia (168 a. C.)
Roma pagana/papal (1798 d. C.)
Juicio en el cielo
El reino de Dios

Repito haciendo énfasis: después de la profecía de "tiempo y tiempos y mitad de un tiempo" relativa al cuerno pequeño, que concluyó en 1798, tenemos la escena del juicio en el cielo. ¡El juicio entonces debe ocurrir después de 1798!

Podemos ver en sólo Daniel 7, que ocurre un juicio en el cielo después de 1798, pero antes de la segunda venida de Cristo. Y este criterio concuerda con nuestra comprensión del juicio investigador de 1844, o lo que comúnmente llamamos el juicio que precede a la segunda venida. Ciertamente, concuerdan a la perfección.

¿A quiénes involucra este juicio? El versículo 22 dice que "el juicio fue dado a los santos del Altísimo". Otras versiones dicen que el juicio fue dado "en interés" de los santos, o "a favor" de los santos. Obviamente, entonces, este juicio involucra a los santos; si no, ¿cómo podría darse un juicio en interés o en favor de ellos? Ellos están involucrados. ¿Cómo? Ellos no podrían estar juzgando, porque aún no están en el cielo (Cristo aún no ha vuelto). Vimos en el primer capítulo que el pueblo de Dios será juzgado en algún momento después del año 31 d. C. (el juicio de Daniel 7 concuerda con este criterio). Vemos que este juicio es en su favor, y como resultado de este juicio ellos obtienen el reino. Pareciera que ellos mismos están siendo juzgados ante el expectante universo. Y el resultado de ese juicio es para el bien de los hijos de Dios.

¿Parece conocido? Un juicio de creyentes en el cielo, ante un universo expectante, que ocurre cerca del fin del tiempo (después de 1798). Debe ser, porque esta escena describe el juicio investigador.

¿Qué hemos aprendido hasta aquí? Hemos aprendido que:
1. El juicio del pueblo de Dios ocurre después del año 31 d. C.;
2. El juicio del pueblo de Dios ocurre después de 1798;
3. El juicio del pueblo de Dios ocurre antes de la segunda venida de Cristo.

Y mientras que 1798 limita la fecha, aún necesitamos concretarla a 1844. Los capítulos 8 y 9 de Daniel completarán este objetivo para nosotros.

Capítulo Cinco

Daniel 8, como veremos, repite a Daniel 7. Aunque algunos aspectos de Daniel 7 no se encuentran en Daniel 8, se le dedica atención a otros aspectos. Sin embargo, el escenario es similar para ambos capítulos.

Como Daniel 2 y 7, Daniel 8 se divide en dos secciones básicas- un sueño profético o visión, luego una explicación de ese sueño o visión. En Daniel 8, los primeros 14 versículos se refieren a la visión de un carnero, un macho cabrío, el cuerno pequeño y luego la limpieza del santuario. La segunda mitad del capítulo, los versículos 15 al 27, explican el significado del carnero, el macho cabrío y el cuerno pequeño. No se explica el significado de la purificación del santuario.

Miremos juntos la visión de Daniel 8. "En el año tercero del reinado del rey Belsasar me apareció una visión a mí, Daniel, después de aquella que me había aparecido antes" (versículo 1).

Daniel tiene una visión durante el reinado de Belsasar, quien era rey de Babilonia. Esta visión fue dada durante el tiempo de Babilonia. ¿Qué fue lo que vio Daniel?

"Alcé los ojos y miré, y he aquí un carnero que estaba delante del río, y tenía dos cuernos; y aunque los cuernos eran altos, uno era más alto que el otro; y el más alto creció después. Vi que el carnero hería con los cuernos al poniente, al norte y al sur, y que ninguna bestia podía parar delante de él, ni había quien escapase de su poder; y hacía conforme a su voluntad, y se engrandecía" (versículos 3-4).

Daniel, en visión, ve un carnero con dos cuernos. Este carnero se mueve en tres direcciones, y ninguna bestia puede detenerlo. El carnero se hace grande.

La primera parte de la visión de Daniel se refiere a un carnero.

¿Qué le sigue?

"Mientras yo consideraba esto, he aquí un macho cabrío venía del lado del poniente sobre la faz de toda la tierra, sin tocar tierra; y aquel macho cabrío tenía un cuerno notable entre sus ojos. Y vino hasta el carnero de dos cuernos, que yo había visto en la ribera del río, y corrió contra él con la furia de su fuerza" (versículos 5-6).

Daniel vio un macho cabrío que atacó al carnero.

"Y lo vi que llegó junto al carnero, y se levantó contra él y lo hirió, y le quebró sus dos cuernos, y el carnero no tenía fuerzas para pararse delante de él; lo derribó, por tanto, en tierra, y lo pisoteó, y no hubo quien librase al carnero de su poder. Y el macho cabrío se engrandeció sobremanera; pero estando en su mayor fuerza, aquel gran cuerno fue quebrado, y en su lugar salieron otros cuatro cuernos notables hacia los cuatro vientos del cielo" (versículos 7-8).

El macho cabrío, que tenía un cuerno notable, entre sus ojos, destruye al carnero que lo precedió. Este macho cabrío "se engrandeció"; sin embargo, más adelante el gran cuerno es destruido y surgen "cuatro cuernos notables" en su lugar.

Después de la aniquilación del cuerno del macho cabrío, surge otro poder de uno de los cuatro vientos del cielo. "Y de uno de ellos salió un cuerno pequeño, que creció mucho al sur, y al oriente, y hacia la tierra gloriosa. Y se engrandeció hasta el ejército del cielo; y parte del ejército y de las estrellas echó por tierra, y las pisoteó. Aún se engrandeció contra el príncipe de los ejércitos, y por él fue quitado el continuo sacrificio, y el lugar de su santuario fue echado por tierra. Y a causa de la prevaricación le fue entregado el ejército junto con el continuo sacrificio; y echó por tierra la verdad, e hizo cuanto quiso, y prosperó" (versículos 9-12).

Después del macho cabrío, surge este cuerno pequeño. Se mueve en varias direcciones sobre la tierra, pero luego se extiende hacia arriba, contra el "príncipe de los ejércitos". Echa la verdad por tierra y prospera en gran manera.

Hasta el momento, Daniel vio un carnero, un macho cabrío y un cuerno pequeño.

Lo que sucede después en la visión es que escucha a dos santos hablar, y uno le pregunta al otro acerca de todas las cosas que ha visto Daniel. "¿Hasta cuándo durará la visión del continuo sacrificio, y la prevaricación asoladora entregando el santuario y el ejército para ser pisoteados?" (versículo 13). La respuesta es: "Y él dijo: hasta dos mil trescientas tardes y mañanas; luego el santuario será purificado" (versículo 14).

La visión termina con la purificación del santuario. Eso es lo último que sucede en la visión de Daniel: se estipula el tiempo para la purificación del santuario. Después de eso, la visión concluye. El asunto importante que debemos notar es que la visión concluye con la purificación del santuario.

Podría mostrarse la visión de Daniel de esta manera:

Carnero

Macho cabrío

Cuerno pequeño

Santuario purificado

Lea Daniel, 8:1-14 repetidamente hasta que pueda ver esta secuencia de eventos: carnero, macho cabrío, cuerno pequeño, purificación del santuario. Es importante entenderlo.

La primera mitad de Daniel 8 dio la visión; la segunda mitad la explica. En Daniel 8:15-18, el ángel Gabriel, después de habérsele pedido que enseñe "a éste la visión", se acerca a Daniel y dice: "Entiende, hijo de hombre, porque la visión es para el tiempo del fin". Note, Gabriel dice que la visión será para el "tiempo del fin": algo tan importante que lo repite nuevamente en el versículo 19. "Y dijo: He aquí yo te enseñaré lo que ha de venir al fin de la ira; porque eso es para el tiempo del fin".

¿Quiénes eran aquellas bestias?

"En cuanto al carnero que viste, que tenía dos cuernos, éstos son los reyes de Media y de Persia" (versículo 20).

¡Media y Persia!

¿No hemos visto este reino anteriormente? ¿Acaso no estaba representado por la plata en la estatua de Daniel 2 y el oso en Daniel 7? Aquí lo tenemos nuevamente, ahora simbolizado como un carnero. Usted no tiene que aceptarlo porque yo lo diga, o porque lo diga la historia. La Biblia nos lo asegura.

Note también, algunos paralelismos entre el oso medopersa de Daniel 7 y el carnero medopersa del capítulo 8.

Ambas bestias son asimétricas: el oso se levantaba más de un lado que del otro (7:5); en forma correspondiente, los cuernos del carnero no eran de igual tamaño, uno era más alto que el otro (8:3).

También, el oso tenía tres costillas en su boca, que se cree representan a Babilonia, Egipto y Lidia: tres naciones demolidas por Medo-Persia. El carnero de Daniel 8 conquista en tres direcciones: hacia el oeste (Babilonia), hacia el sur (Egipto) y hacia el norte (Lidia).

Ahora viene la pregunta lógica: ¿Dónde está Babilonia? Babilonia se encuentra en Daniel 2 y 7, ¿pero qué pasa en el capítulo 8? Aunque la visión de Daniel 8 comienza en el reinado de Babilonia, no se menciona a esta nación en esta profecía. Una explicación común es que cuando se dio la visión de Daniel 8 ya estaba terminando el tiempo de Babilonia. Debido a que pronto dejaría la escena, no se necesitaba describirla. Aunque esa respuesta tiene validez, existe una mejor. Esa la daré en el próximo capítulo.

De todas formas, la visión de Daniel 8 comienza con el carnero, que simbolizaba al Imperio Medo-Persa. ¿Y qué diremos del macho cabrío que lo sucedió?

Gabriel dice: "El macho cabrío es el rey de Grecia, y el cuerno grande que tenía entre sus ojos es el rey primero. Y en cuanto al cuerno que fue quebrado, y sucedieron cuatro en su lugar, significa que cuatro reinos se levantarán de esa nación, aunque no con la fuerza de él" (versículos 21-22).

¡Grecia!

¿Acaso no hemos visto ese reino anteriormente? ¿No era éste representado por el bronce de la estatua en Daniel 2 y el leopardo en el capítulo 7? El primer rey, obviamente, es Alejandro Magno, quien condujo al imperio a su apogeo, y los cuatro reyes son los cuatro generales que dividieron el imperio después que murió Alejandro ("que fue quebrado").

Nuevamente, no necesitamos especular para identificar el reino. La Biblia lo hace por nosotros.

Note, también, los paralelismos entre el macho cabrío del capítulo 8 y el leopardo del capítulo 7. Ambos suceden a Medo-Persia. El leopardo tenía cuatro alas de ave en su lomo (7:6), mientras que el macho cabrío "voló" sobre la faz de la tierra "sin tocar tierra" (8:5).

También, el leopardo tenía cuatro cabezas (7:6), mientras que el macho cabrío produjo cuatro cuernos después que le fue quebrado el cuerno principal (8:8).

Por lo tanto, el carnero representa a Medo-Persia; el macho cabrío representa a Grecia. ¿Y qué podemos decir acerca del cuerno pequeño que lo sigue?

"Y al fin del reinado de éstos [los cuatro generales (los cuernos) del imperio dividido de Alejandro], cuando los transgresores lleguen al colmo, se levantará un rey altivo de rostro y entendido en enigmas. Y su poder se fortalecerá, mas no con fuerza propia; y causará grandes ruinas, y prosperará, y hará arbitrariamente, y destruirá a los fuertes y al pueblo de los santos. Con su sagacidad hará prosperar el engaño en su mano; y en su corazón se engrandecerá, y sin aviso destruirá a muchos; y se levantará contra el Príncipe de los príncipes, pero será quebrantado, aunque no por mano humana" (versículos 23-25).

Claramente, el cuerno pequeño representa un poder terrible que surge después de la disolución de Grecia: un poder próspero que destruye al pueblo de Dios. Antes de identificar este poder (que ya debería ser obvio), note que de este carnero, que simbolizaba a Medo-Persia, se dice que se "engrandecía" (versículo 4). El macho cabrío, que simbolizaba a Grecia, se "engrandeció sobremanera" (versículo 8). En los versículos que siguen, se hace claro que el engrandecimiento del cuerno pequeño fue mayor que el de las naciones precedentes (versículos 9-11).

En Daniel 2, después de Medo-Persia y Grecia, el poder que sigue es el de Roma (pagana y papal, aunque el énfasis de este capítulo es más político que religioso), simbolizado por el metal más fuerte de todos: el hierro. En Daniel 7, después de Medo-Persia y Grecia, viene la Roma pagana y papal, simbolizada por la más fiera de todas las bestias. En Daniel 8, después de Medo-Persia y Grecia, surge otro poder, uno mayor que los primeros dos.

¡Ese poder, desde luego, tiene que ser Roma!

Anteriormente vimos que había varios metales para representar los países en Daniel 2: oro para Babilonia, plata para Medo-Persia, bronce para Grecia. Vimos otro metal para Roma: hierro. Ese hierro, que comenzó después de Grecia (en las piernas), se extendió hasta los dedos de los pies hasta el fin del tiempo, cuando Dios establecería su reino aunque al llegar a los pies se mezclaba con arcilla. Lo importante es que Roma sucede a Grecia y se extiende hasta el fin del tiempo, aunque en una forma diferente.

En Daniel 7, se utilizan bestias diferentes para representar los reinados, incluyendo a la cuarta bestia: símbolo de la Roma pagana. Sin embargo, el cuerno pequeño símbolo de la Roma papal todavía era parte de la cuarta bestia. No era un poder aparte. Así que la cuarta bestia, como el hierro de Daniel 2, surge después de Grecia y se extiende hasta el fin del tiempo, aunque en una forma diferente.

El mismo principio se aplica al cuerno pequeño de Daniel 8. Surge después de Grecia (vea el versículo 23), no obstante, se extiende hasta el fin del tiempo, cuando será quebrantado "aunque no por mano humana" (versículo 25), al igual que la piedra que representaba el reino de Dios fue cortada "no con mano": un símbolo de la intervención divina. Como los poderes de las profecías anteriores, este cuerno pequeño surge después de Grecia y se extiende hasta el fin del tiempo.

El cuerno pequeño, entonces, simboliza a la Roma pagana y papal porque la fase pagana comenzó después de Grecia, mientras que la fase papal se extenderá hasta el fin. Es más difícil percibir las diferentes fases en Daniel 8 que en los capítulos anteriores, pero existen. El Dr. William Shea, del Instituto de Investigación Bíblica de la Asociación General, y el Dr. Gerhard Hasel, del Seminario de la Universidad Andrews, han escrito sobre las fases pagana y papal del cuerno pequeño de Daniel 8 en el tomo 2 de la serie publicada por el Comité de Daniel y Apocalipsis. Sin entrar en detalles ahora, ellos muestran cómo los primeros versículos describen la expansión horizontal del cuerno pequeño: se movió sobre la faz de la tierra (vea el versículo 9). Esta expansión terrenal, según ellos, se refiere a la fase pagana de Roma mientras propagaba su imperio a través de todo el planeta. Los versículos posteriores, sin embargo, describen un ataque religioso, ya que el cuerno pequeño crece hacia el cielo, contra el "príncipe de los ejércitos" y el santuario celestial. Esto describe la fase papal de Roma, en el sentido que su sistema usurpa los poderes que pertenecen sólo a Dios. El cuerno pequeño tiene dos fases: un ataque horizontal (Roma pagana), y un ataque vertical (Roma papal). Analizaremos esto en forma más detallada en la próxima sección del libro.

Lo importante es que el cuerno pequeño, que sucede al carnero y al macho cabrío, simboliza a Roma en sus fases pagana y papal, aunque el énfasis aquí, como en el caso de Daniel 7, sea sobre la fase papal.

De hecho, note algunos paralelismos entre el cuerno pequeño de Daniel 7 y el cuerno pequeño de Daniel 8, paralelismos que comprueban que se trata del mismo poder.

1. Se describe a ambos con el mismo símbolo: un cuerno.

2. Ambos son poderes perseguidores. Vea Daniel 7:21, 25; 8:10, 24.

3. Ambos se exaltan a sí mismos y blasfeman. Vea Daniel 7:8, 20, 25; 8:10-11, 25.

4. Ambos atacan al pueblo de Dios. Vea Daniel 7:25; 8:24.

5. Ambos tienen aspectos de su actividad delineados por el tiempo profético. Vea Daniel 7:25; 8:13-14.

6. Ambos se extienden hasta el tiempo del fin. Vea Daniel 7:25-26; 8:17, 19.

7. Ambos serán destruidos en forma sobrenatural. Vea Daniel 7:11, 26; 8:25. Sin lugar a dudas, el cuerno pequeño de Daniel 8 es Roma.

Hasta ahora, en la explicación de Daniel 8 hemos visto que el carnero es Medo-Persia, el macho cabrío es Grecia, y el cuerno pequeño es Roma. El orden es como sigue:

Medo-Persia (carnero)

Grecia (macho cabrío)

Roma (cuerno pequeño)

En la visión, lo que seguía al cuerno pequeño era la purificación del santuario. En la explicación de la visión, el cuerno pequeño es seguido también por una referencia a la purificación del santuario.

"La visión de las tardes y mañanas que se ha referido es verdadera; y tú guarda la visión, porque es para muchos días. Y yo Daniel quedé quebrantado, y estuve enfermo algunos días, y cuando convalecí, atendí los negocios del rey; pero estaba espantado a causa de la visión, y no la entendía" (versículos 26-27). Así termina el capítulo 8.

A primera vista, estos versículos no parecen estar relacionados con la purificación del santuario en el versículo 14. Pero la transcripción literal de Daniel 8:14 es: "Hasta dos mil y trescientas tardes y mañanas; luego el santuario será purificado". La "visión de las tardes y mañanas" (versículo 26) por lo tanto se refiere a la purificación del santuario. En la explicación, tal como sucede en la visión, la referencia a la purificación del santuario viene después de Roma.

Desafortunadamente, la parte de la visión concerniente a la purificación del santuario no fue explicada porque Daniel 8 concluye con la confesión de Daniel acerca de que no podía entenderla. Obviamente, debido a que todo lo demás en la visión de Daniel 8 (el carnero, el macho cabrío, el cuerno pequeño) fue claramente explicado, entonces la parte de la visión que él no entendió tiene que ver con la purificación del santuario: la visión de las tardes y mañanas. Aparentemente él entendió todo lo demás.

Lo que quiero destacar es que la explicación de Daniel 8 se da en el mismo orden que la visión:

Visión de Daniel 8	**Explicación de la Visión**
Carnero (versículos 3-4)	Medo-Persia (versículo 20)
Macho cabrío (vers. 5-8)	Grecia (versículo 21)
Cuerno pequeño (versículos 9-12)	Roma pagana y papal (versículos 23-25)
"Hasta dos mil trescientas tardes y mañanas; luego el santuario será purificado" (Daniel 8:14)	"La visión de las tardes y mañanas (no explicadas)… es verdadera" (Daniel 8:26)

En el séptimo capítulo hemos visto a estas tres naciones (Medo-Persia, Grecia, Roma) en esa secuencia y seguidas por el juicio en el cielo. En Daniel 8 tenemos, en la misma secuencia de Daniel 7 –Medo-Persia, Grecia, Roma–, a las mismas naciones sucedidas por la purificación del santuario en el cielo. Al igual que las bestias representan los mismos poderes en las diferentes visiones, el paralelismo entre el juicio de Daniel 7 y la purificación del santuario en Daniel 8 comprueba que se trata del mismo evento.

Daniel 7	**Daniel 8**
Babilonia (león)	--------------------------
Medo-Persia (oso)	Medo-Persia (carnero)
Grecia (leopardo)	Grecia (macho cabrío)
Roma pagana (cuarta bestia)	Roma pagana (acciones terrenales del cuerno)
Roma papal (cuerno pequeño)	Roma papal (acciones religiosas del cuerno)
JUICIO EN EL CIELO	PURIFICACIÓN DEL SANTUARIO
Se establece el reino de Dios	--------------------------

El oso (Medo-Persia) en Daniel 7 se compara con el carnero (Medo-Persia) de Daniel 8 porque se refieren a la misma cosa.

El leopardo (Grecia) en Daniel 7 se compara con el macho cabrío (Grecia) de Daniel 8 porque trata de la misma cosa.

La cuarta bestia y su cuerno (Roma) en Daniel 7 se compara con el cuerno pequeño (Roma) de Daniel 8 porque trata de la misma cosa.

El juicio de Daniel 7 se compara con la purificación del santuario en Daniel 8 porque se refieren a la misma cosa. El juicio y la purificación del santuario son sinónimos, porque aparecen en ambas profecías después de Roma.

Estudie estos dos capítulos hasta que pueda ver claramente el paralelismo entre el juicio de Daniel 7 y la purificación del santuario de Daniel 8. Esto es un asunto crucial.

Estos paralelismos por sí solos demuestran que el juicio y la purificación son el mismo evento, ¿acaso existe más evidencia? Los poderes (naciones) anteriores, además de aparecer en forma paralela a sus contrapartes en la trama profética, también comparten algunas similitudes. ¿Acaso la idea del juicio no tiene algunas semejanzas con la purificación del santuario?

¡Desde luego! La purificación del santuario en la tierra era el día anual de juicio. Durante miles de años, desde los tiempos del tabernáculo en el desierto hasta hoy, los judíos celebraban la purificación del santuario (Yom Kippur) –el Día de la Expiación– como el gran día del juicio. Juicio, arrepentimiento, confesión de pecado son la esencia de Yom Kippur, el Día de la Expiación.

Lea el párrafo siguiente de un antiguo escrito judío concerniente al Día de la Expiación, cuando el santuario era purificado:

> "Dios, sentado en su trono para juzgar el mundo, al mismo tiempo Juez, Intercesor, Experto y Testigo, abre los libros de registros; y se lee, encontrándose allí la firma de cada uno. Se suena la gran trompeta; se escucha una voz callada y suave; los ángeles tiemblan diciendo: este es el día del juicio, porque sus mismos ministros no son puros delante de Dios. Tal como un pastor dirige a su rebaño, haciendo que pasen bajo su vara, así Dios causa que cada alma vi-

viente pase delante de él para afirmar los límites de la vida de cada criatura y para preordenar su destino... En el Día de la Expiación se sella quiénes vivirán y quiénes han de morir (citado en la Enciclopedia judía, "Día de la Expiación").

Aunque el entendimiento adventista del juicio investigador no es exactamente igual al de esta explicación, es similar. ¿Acaso no creemos también que se trate de un tiempo de juicio que involucra libros con los nombres de personas en ellos, un tiempo cuando se toman decisiones para vida o para muerte? Además, observe cómo este pasaje comparte algunas de las imágenes de la escena de juicio de Daniel 7, el juicio investigador: ambos pasajes hablan acerca de Dios, o como Daniel 7 dice, "el Anciano de días" (Daniel 7:22). Ambos mencionan tronos. Este pasaje habla acerca de "libros de registros"; Daniel 7 tiene "libros" que se abren. Ambos se refieren al juicio. Vea los versículos 10, 22, 26. Ambos tienen seres angelicales en la escena del juicio. Daniel 7 trata acerca de algún tipo de ajuste de cuentas finales, y este pasaje también.

En el pensamiento judío el Día de la Expiación es la última oportunidad que una persona tiene de arrepentirse del pecado. El rabino Yechiel Eckstein describe Yom Kippur como "nuestra oportunidad final de venir delante de Dios para rogar por un juicio misericordioso" (*Judíos y judaismo* [Word Books: Waco, Texas, 1984], p. 125).

En el Día de la Expiación los judíos se saludan uno al otro con una frase hebrea que básicamente significa: "Que puedas ser sellado en el Libro de la Vida para siempre".

En mi oficina tengo un libro de oraciones para el Día de la Expiación que está lleno de oraciones que los judíos devotos ofrecen durante los días santísimos de Yom Kippur. ¿Cuáles son algunas de las oraciones que ellos ofrecen durante este tiempo? "Justifícanos en el juicio... Silencia al acusador [Satanás], y permite que el Abogado tome su lugar... y como consecuencia de sus ruegos, declara, he perdonado... Borra las transgresiones del pueblo que ha sido salvo [Israel]... El, el Anciano de días, se sienta como Juez... En el libro de la vida, bendición, paz y buen sustento, que seamos recordados y sellados por ti [Dios]".

Sellado. Libro de la vida. Oportunidad final para arrepentirse. Quién vivirá y quién morirá. Día de juicio. Libro de registros. Justifícanos en el juicio. Silencia al acusador. Borra la transgresión.

Este concepto del Día de la Expiación se ajusta exactamente a lo que los adventistas han enseñado sobre el juicio investigador durante años. No es raro, entonces, que el juicio de Daniel 7 y la purificación del santuario de Daniel 8 sean paralelos el uno del otro. Se trata de la misma cosa.

También vimos en nuestro estudio de Daniel 7 que el dominio de Medo-Persia concluyó alrededor del 331 a. C. Si terminó en el 331 a. C. en Daniel 7, entonces el mismo poder tendría su fin en la misma fecha en Daniel 8, 331 a. C. Luego vino Grecia, la que en Daniel 7 concluyó en el 168 a. C. Obviamente, Grecia en Daniel 8 también termina en el 168 a. C. Después de Grecia vino Roma, la que en Daniel 7 continuaba hasta 1798. Análogamente, el mismo poder, ahora descrito en Daniel 8, duraría hasta 1798 también. Después de 1798 en Daniel 7 vino el juicio en el cielo, que es la misma cosa que la purificación del santuario en Daniel 8. Ambos eventos el juicio y la purificación del santuario que aparecen después de esta fase de Roma, deberán haber ocurrido después de 1798.

De hecho, debido a que el juicio celestial ocurrió después de 1798, también deberá haber ocurrido lo mismo con la purificación del santuario. Es obvio que comenzaron al mismo tiempo porque son la misma cosa. Por lo tanto, la purificación del santuario ocurre después de 1798.

Note el diagrama:

Daniel 7	**Daniel 8**	
Babilonia		539 a.C.
Medo-Persia (oso)	Medo-Persia (carnero)	334 a.C.
Grecia (leopardo)	Grecia (macho cabrío)	168 a.C.
Roma (bestia/cuerno)	Roma (cuerno pequeño)	1798 d.C.
JUICIO EN EL CIELO	SANTUARIO PURIFICADO	

Después de Medo-Persia (331 a. C.) vino Grecia. Después de Grecia (168 a. C.) vino Roma. Después de esta última fase de Roma (1798 d. C.) viene la purificación del santuario.

Vimos que la visión de Daniel 8 era para el "tiempo del fin", y la purificación del santuario venía al final de la visión. Obviamente, el único santuario al que podría referirse es al santuario celestial (descrito en forma tan vivida en el libro de Hebreos) porque no existía ningún otro santuario. El último fue destruido 1.700 años antes del fin del poderío romano en 1798, y la purificación tenía que ser posterior a esa fecha.

Es interesante notar que siglos antes del adventismo, los judíos creían en un santuario celestial. El Talmud, el Midrash y otros antiguos manuscritos judíos hablaron acerca de "el santuario celestial" y "el templo en el cielo". Incluso creían que Miguel era el sumo sacerdote que ministraba en el santuario celestial, intercediendo por el pueblo de Dios contra las acusaciones del diablo. Dice la Enciclopedia judía: "Los rabinos hablan de Miguel (Metatrón) como el capitán del ejército celestial, como el sumo sacerdote que ofrece el sacrificio en el templo superior" (ver "Angeología"). Otra antigua fuente judía explica: "Miguel y Samael [Satanás] están de pie ante la Divina presencia; Satanás acusa mientras que Miguel señala las virtudes de Israel" (*Midrash Rabbah sobre el Éxodo*, edición de Soncino, tomo 1, p. 222).

Estudie cuidadosamente los eventos paralelos de Daniel 7 y 8. Lea los capítulos en este libro repetidamente, al mismo tiempo que lee Daniel 7 y 8, hasta que vea cómo los símbolos de Daniel 7 y 8 se refieren a lo mismo, que el juicio de Daniel 7 y la purificación del santuario de Daniel 8 son sinónimos y que ambos deben ocurrir después de 1798.

Repasemos:

1. El juicio del pueblo de Dios ocurre después de la cruz pero antes de la segunda venida.
2. El juicio del pueblo de Dios, descrito en Daniel 7, ocurre después de 1798.

3. El juicio del pueblo de Dios en Daniel 7 es paralelo a la purificación del santuario en Daniel 8. Son el mismo evento.

4. La purificación del santuario, por lo tanto, debió ocurrir después de 1798.

Hemos definido que la purificación del santuario de Daniel 8:14 debe ocurrir después del año 1798. Y aunque estamos más cerca de 1844, Daniel 7 y 8 no dan la fecha exacta.

Esto lo hace Daniel 9.

Capítulo Seis

Antes de descifrar el capítulo 9 de Daniel, recuerde que Daniel 2 consistió en un sueño profético y una explicación completa de ese sueño, que Daniel 7 consistió en una visión profética y una explicación completa de esa visión; y que Daniel 8 consistió en una visión, pero con sólo una explicación parcial de esa visión. Se explicó muy bien lo concerniente al carnero, el macho cabrío y el cuerno pequeño. Lo único que no se explicó fue la visión de las 2.300 tardes y mañanas relacionadas con la purificación del santuario.

Daniel 9, sin embargo, no contiene una visión, sino sólo una explicación que se da al final del capítulo.

Así que tenemos a Daniel 2: sueño, explicación completa. Daniel 7: visión, explicación completa. Daniel 8: visión, explicación parcial. Daniel 9: sólo una explicación.

¿Qué es lo que Daniel 9 explica?

La mayor parte de Daniel 9 consiste en la oración de Daniel en favor de la liberación de Israel. Esta oración incluye confesión, arrepentimiento y un pedido de perdón. "Ahora, Señor, Dios grande, digno de ser temido, que guardas el pacto y la misericordia con los que te aman y guardan tus mandamientos; hemos pecado, hemos cometido iniquidad, hemos hecho impíamente, y hemos sido rebeldes, y nos hemos apartado de tus mandamientos y de tus ordenanzas" (versículos 4-5). Esta oración es un ruego dirigido hacia Dios: "Apártese ahora tu ira y tu furor de sobre tu ciudad Jerusalén, tu santo monte" (versículo 16).

El detalle importante en esta oración es que Daniel nunca pide una explicación. En ningún momento le pregunta a Dios por qué sucedió esto, o por qué sucedió aquello. Daniel sabe la causa de todo lo que ha sucedido: "A causa de nuestros pecados, y por la maldad de nuestros padres, Jerusalén y tu pueblo son el oprobio de todos en derredor nuestro" (versículo 16).

El no hizo preguntas en su oración. No buscó explicaciones. La última vez que vimos que Daniel no entiende algo fue al final del capítulo 8, concerniente a la visión de la purificación del santuario.

¿Qué sucede entonces?

"Aún estaba hablando en oración, cuando el varón Gabriel, a quien había visto en la visión al principio, volando con presteza, vino a mí como a la hora del sacrificio de la tarde" (versículo 21).

¿Quién viene?

Gabriel. La última vez que vimos a Gabriel fue en el capítulo 8. Más aún, Daniel se refiere a la visión en la que vio a Gabriel, a quien se le dijo: "Enseña a éste la visión" (Daniel 8:16). Sin embargo, Gabriel no terminó de explicar su visión en Daniel 8.

En este momento es inmensamente útil dar un vistazo al idioma original de Daniel. En el hebreo de Daniel 8 y 9 se utilizan dos palabras diferentes para la palabra traducida como *visión*.

"En el año tercero del reinado del rey Belsasar me apareció una visión [*hazon*] a mí" (Daniel 8:1). El próximo versículo dice: "Vi en visión [*hazon*]". La palabra *hazon* se refiere a toda la visión de Daniel 8.

Pero cuando Daniel se refirió específicamente a la parte concerniente a los 2.300 días y la purificación del santuario, se utiliza otra palabra para *visión*.

"La visión [*marah*] de las tardes y mañanas que se ha referido es verdadera... Pero estaba espantado a causa de la visión [*marah*], y no la entendía" (versículos 26-27).

La palabra *marah* viene de la raíz hebrea *ra'ah*, la que significa "ver". A veces se traduce como *apariencia*.

De todas formas, aparecen dos palabras diferentes para visión en Daniel 8: *hazon*, referente a la visión completa del capítulo; y *marah*, referente específicamente a los 2.300 días. Estas dos palabras también aparecen en Daniel 9.

"Aún estaba hablando en oración, cuando el varón Gabriel, a quien había visto en la visión [*hazon*] al principio... me hizo entender, y habló conmigo, diciendo: Daniel, ahora he salido para darte sabiduría y entendimiento" (versículos 21-22).

Aquí Daniel se refiere nuevamente a Gabriel, el ángel que había visto en la *hazon*, o la visión total del capítulo previo. Recuerde también, que en ninguna parte de la oración de Daniel, éste rogó que se le concediera "sabiduría y entendimiento". La última vez que necesitó entendimiento fue en relación con los 2.300 días de Daniel 8, y en Daniel 9 ahora Gabriel le promete dar "sabiduría y entendimiento".

Ahora note la parte específica de la visión de Daniel 8 que señala Gabriel en este versículo. "Al principio de tus ruegos fue dada la orden, y yo he venido para enseñártela, porque tú eres muy amado. Entiende, pues, la orden, y entiende la visión [*marah*]" (versículo 23).

¿Cuál *marah*? Obviamente, la *marah* de los 2.300 días que no entendió en el capítulo anterior. Esto no puede ser otra cosa sino una referencia a la *marah* de los 2.300 días.

Tenemos al mismo intérprete angélico de la visión de Daniel 8, según el mismo Daniel lo indica cuando aparece Gabriel. Gabriel entonces promete darle a Daniel entendimiento, y el único asunto sobre el cual Daniel no tenía entendimiento era el concerniente a la *marah* de los 2.300 días. Entonces el ángel específicamente le señala nuevamente la *marah* y le dice a Daniel que "la entienda".

Claramente, Gabriel ha venido para dar la explicación de los 2.300 días, que no fue dada en el capítulo anterior.

Además, ¿qué tipo de profecía era la *marah* de Daniel 8:14? "Hasta dos mil trescientas tardes y mañanas; luego el santuario será purificado". Era una profecía de tiempo.

En Daniel 9, después que Gabriel le señala a Daniel la profecía de los 2.300 días, ¿qué es la próxima cosa que dice?

"Setenta semanas están determinadas sobre tu pueblo" (Daniel 9:24). ¿Setenta semanas? ¿Qué tipo de profecía es esa?

Desde luego, tal como la *marah* a la que se refiere, también es una *profecía de tiempo*.

Existen aún más conexiones entre los dos capítulos, y nos referiremos a ellas en la segunda parte del libro. El punto crucial ahora está en ver que la explicación de Daniel 9 se trata en realidad de una explicación de los 2.300 días: la *marah* de Daniel 8 que Gabriel no había explicado anteriormente.

Observemos ahora la explicación en sí misma. La primera línea comienza: "Setenta semanas están determinadas sobre tu pueblo". Aquellos que se oponen a nuestro mensaje argumentan que la traducción es correcta: Que las setenta semanas son "determinadas". Los adventistas afirman que el significado literal de la palabra aquí utilizada, *chatak*, significa "cortar," y por lo tanto las setenta semanas son cortadas de los 2.300 días.

¿Qué traducción es la más exacta?

Desafortunadamente, la palabra *chatak* no se utiliza en ningún otro lugar en la Biblia, así que no podemos comparar usos. Sin embargo, existen otras palabras más comunes para decretar o determinar; no obstante, Daniel no las usó, sino que escogió esta palabra más oscura.

Aunque *chatak* no aparece en alguna otra parte de la Biblia, la palabra aparece en muchas ocasiones en la Mishnah, un comentario bíblico judío compilado en los primeros siglos. Aunque no es idéntico al hebreo bíblico, el hebreo de la Mishnah es similar, y de las 12 veces que se utiliza el verbo *chatak*, diez veces se refiere a cortar partes de los animales de acuerdo con las leyes de nutrición. De las 19 veces que se utiliza en la forma de sustantivo, sólo una vez se usa para dar la idea de un decreto. Las otras 18 veces significa "aquello que ha sido cortado".

La *Concordancia de Strong* declara que su raíz es "cortar". La traducción de Whiting (en inglés) la traduce como "cortada". Gesenius, el lexicógrafo de hebreo, la define como "cortar". El diccionario Caldeo-Rabínico de Stocius la define como "cortar, cortar en pedazos, cortar o grabar, cortar para arrancar". La versión más antigua de la Vulgata y la Septuaginta define el verbo como "cortar". La versión griega de Daniel por Teodocio, la presenta como "cortada".

Hay más versiones que utilizan la traducción "cortada", pero ya es suficiente: la traducción exacta es "cortadas" en vez de "determinadas".

El tiempo profetice de las setenta semanas ha sido cortado, o sea, ha sido separado de algo, y el único algo posible debe ser la profecía más abarcante de los 2.300 días de la visión previa, la que Gabriel presenta nuevamente a Daniel.

Echemos un vistazo rápido a la profecía de las setenta semanas. Se ha escrito mucho sobre esto dentro del adventismo. Todos debiéramos estar familiarizados con esto.

"Setenta semanas están determinadas sobre tu pueblo y sobre tu santa ciudad, para terminar la prevaricación, y poner fin al pecado, y expiar la iniquidad, para traer la justicia perdurable, y sellar la visión y la profecía, y ungir al Santo de los santos" (versículo 24).

La explicación comienza con un período de setenta semanas que se da a Israel para que alcance ciertos objetivos. Aquí también aplicamos el principio de día por año. En la próxima sección mostraré por qué este principio debe ser aplicado aquí, porque de otra manera la profecía no tendría sentido. Aplicando el principio mencionado, las setenta semanas se convierten en 490 días o años. Así que se les dio a los judíos 490 años para ponerse en armonía con Dios. Vea el diagrama que está debajo.

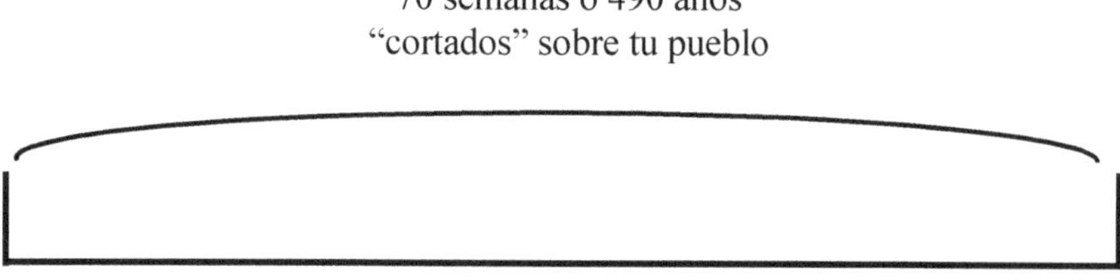

Pero la pregunta es: ¿490 años desde cuándo?

"Sabe, pues, y entiende, que desde la salida de la orden para restaurar y edificar a Jerusalén hasta el Mesías Príncipe, habrá siete semanas, y sesenta y dos semanas; se volverá a edificar la plaza y el muro en tiempos angustiosos" (versículo 25).

Este versículo señala el comienzo de la profecía. Dice que desde "la orden para restaurar y edificar a Jerusalén hasta el Mesías Príncipe, habrá siete semanas, y sesenta y dos semanas", o un total de 69 semanas. Aquí tenemos 69 de las 70 semanas. Por lo tanto, desde el tiempo del decreto para restaurar y edificar a Jerusalén, la cual había sido destruida por los babilonios, hasta la venida del Mesías, que sabemos que es Jesús, pasarían 69 semanas proféticas, o 483 años, utilizando el principio de día por año. Lo que el versículo dice, entonces, es que desde la orden para restaurar y edificar a Jerusalén hasta Jesús el Mesías, habría 483 años (ver el diagrama que está debajo).

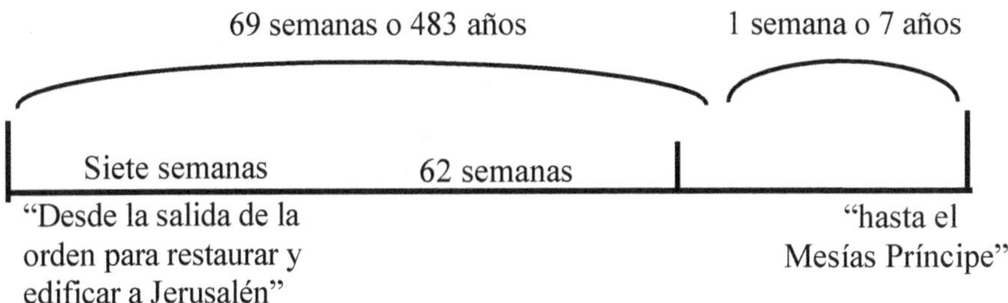

¿Qué podemos decir acerca de la orden para restaurar y edificar a Jerusalén? Muchos comentadores bíblicos, incluyendo a no adventistas, han colocado ese decreto "en el séptimo año del rey Artajerjes" (Esdras 7:7).

Esa fecha es aceptada y comienza en el reino de Medo-Persia, de la misma forma en que las visiones de Daniel 8 comienzan también con Medo-Persia. He aquí otra razón por la cual Daniel 8 no comenzó con Babilonia: Dios quería destacar a Medo-Persia como el punto de partida de las profecías de Daniel 8 y Daniel 9.

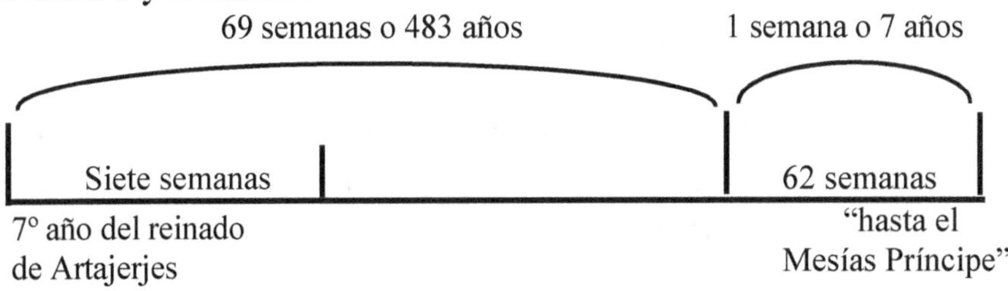

¿En qué año comenzó el reinado de Artajerjes?

En el mundo académico existe un gran debate sobre si su séptimo año fue el 457 o el 458 a. C. Algunos dicen el 457, otros dicen 458, Dependiendo del tipo de calendario que creen que usaban los judíos. La cronología de Esdras 7, escrita por Horn y Wood, comprobó usando numerosas fuentes antiguas que los judíos utilizaban un calendario de otoño a otoño para contar los años del reinado de Artajerjes, afirmando que su séptimo año fue el 457. De hecho, ellos han mostrado sin lugar a dudas que esa es la fecha. Aún hoy, muchos no adventistas aceptan el 457 como el séptimo año de Artajerjes, utilizando un calendario de otoño a otoño para los judíos.

Si añadimos 483 años al 457 a. C. llegamos al 27 d. C. (Recordemos que se está utilizando un calendario que no tiene año cero. Matemáticamente, se contaría -3, -2, -1, 0, 1, 2, 3. En cambio, un calendario numera así: -3, -2, -1, 1, 2, 3. Eso lo conducirá hasta el año 27 d. C., no el 26, como sucedería si se incluyera el año cero adicional).

Por lo tanto, desde la orden para restaurar y edificar a Jerusalén (457 a. C.) hasta el primer advenimiento de Jesús, pasarían 483 años, hasta el 27 d. C. Sabemos que en el año 27 d. C., Jesús fue bautizado. Así comenzó su ministerio.

El próximo versículo dice:

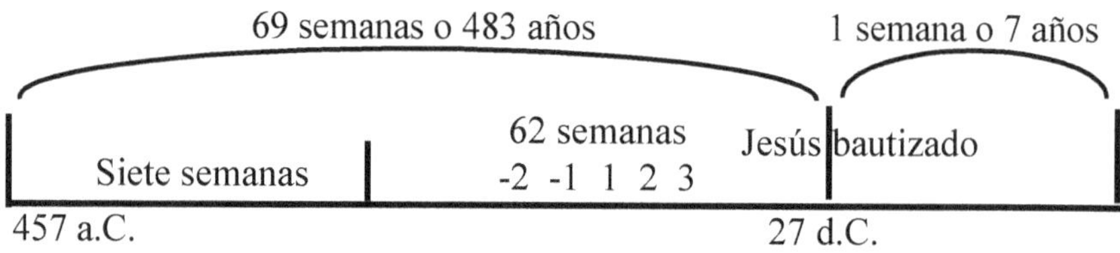

"Y después de las sesenta y dos semanas se quitará la vida al Mesías, mas no por sí; y el pueblo de un príncipe que ha de venir destruirá la ciudad y el santuario; y su fin será con inundación, y hasta el fin de la guerra durarán las devastaciones" (versículo 26).

En el hebreo se lee que después de "las sesenta y dos semanas", se quitaría la vida al Mesías. Ese período termina en el año 27 d. C. Poco tiempo después del 27 d. C. –durante los siete años que componen la 70ª semana– el Mesías sería quitado, lo cual sabemos que fue así.

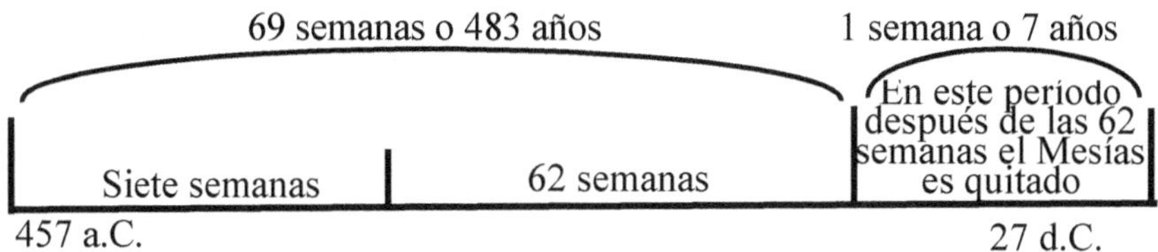

El último versículo del capítulo trata específicamente de los siete años de la 70.a semana de la profecía:

"Y por otra semana confirmará el pacto con muchos; a la mitad de la semana hará cesar el sacrificio y la ofrenda. Después con la muchedumbre de las abominaciones vendrá el desolador, hasta que venga la consumación, y lo que está determinado se derrame sobre el desolador" (versículo 27).

Dice que a la mitad de esa última semana, o siete años, él causaría que cesaran el sacrificio y la ofrenda. A la mitad de esa última semana, que corresponde a tres años y medio, en 31 d. C., sabemos que Jesús fue crucificado (vea el próximo diagrama). En ese momento perdió su significado el sistema de sacrificios. Aunque los judíos continuaron ofreciendo sacrificios por cuarenta años más, los sacrificios no significaban nada para Dios. Cuando los líderes dieron muerte a Esteban en el 34 d. C., esto concluyó la confirmación de "el pacto con muchos". De hecho, esa muerte selló el rechazo oficial de Jesús de parte de Israel, terminando así la relación de pacto con Dios que la nación en su totalidad había tenido durante siglos. Ese fin ocurrió en el 34 d. C., el último año de la profecía de las setenta semanas (vea el diagrama en la página opuesta).

Nuevamente, estudie la profecía de las setenta semanas en forma detallada. La iglesia ha producido numerosos estudios sobre Daniel 9. Deberíamos familiarizarnos con ellos. El asunto importante ahora, sin embargo, es notar que la profecía de las setenta semanas, a diferencia de la profecía de los 2.300 días como la hemos explicado hasta el momento, tiene un comienzo y un final. Ese comienzo fue el 457 a. C.; el final fue en el 34 d. C.

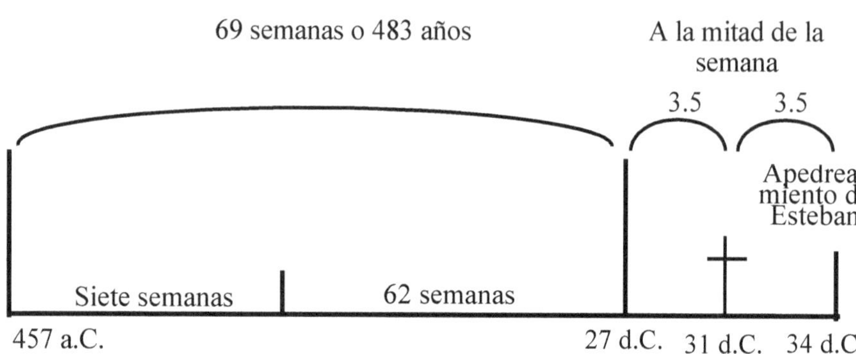

Repasemos: vimos que los 2.300 días de Daniel 8 fue la única parte que Gabriel no explicó. En Daniel 9 no hay visión, sino sólo una explicación. Gabriel, el mismo intérprete angélico de Daniel 8, se acerca a él para ofrecerle una explicación, y el único asunto para el cual Daniel necesitaba una explicación fue el de los 2.300 días del capítulo 8. Gabriel entonces señala específicamente la *marah* de los 2.300 días, una profecía de tiempo, y entonces comparte con él otra profecía de tiempo, las setenta semanas, las que según él son "cortadas". Obviamente, deben ser cortadas o separadas de los 2.300 días.

Estamos tratando con dos elementos de tiempo: un período más largo de 2.300 días, que por sí solo no tiene ni comienzo ni fin, y un período más corto de setenta semanas que tiene un comienzo y un final definidos.

Las setenta semanas, que comienzan en 457 a. C., son cortadas del período mayor de 2.300 días. Alguien me dijo en cierta ocasión: "Entiendo que las 70 semanas son cortadas de los 2.300 días, pero ¿por qué no las cortamos del fin de los 2.300 días, y no del comienzo?"

El diagrama inferior muestra lo que sucede si las cortamos del fin en vez que del comienzo:

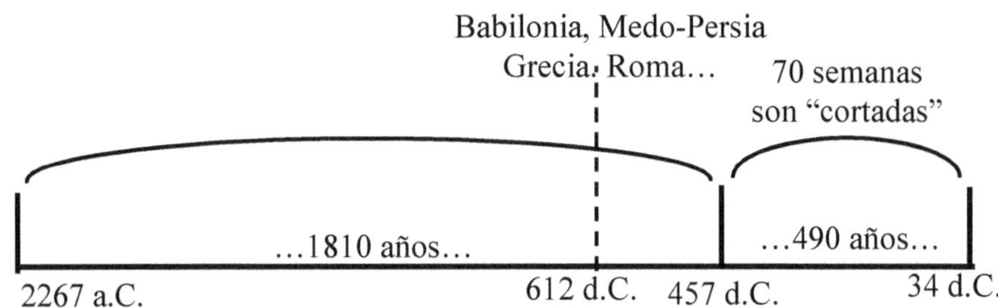

Surgen dos problemas con esta interpretación: los 2.300 días terminarían en el 34 a. C., colocando así el comienzo del período profético en el año 2267 a. C., una fecha muy lejana a todo lo que hemos estudiado. Vimos que Babilonia es la primera nación que aparece en la profecía de Daniel. Si cortamos las setenta semanas del fin, el comienzo de los 2.300 días antecedería a Babilonia por 1.600 años: esto se sale del marco de todo lo que hemos tratado en el estudio de estas profecías.

Pero más importante aún, cortar este segmento de la parte final colocaría la purificación del santuario en el 34 d. C. Vimos en nuestros estudios anteriores que la purificación del santuario debe suceder al período de 1.260 años del cuerno pequeño, el cual terminó en 1798. La fecha de 34 d. C. para la purificación del santuario no concuerda. Además, Daniel en tres ocasiones dice que la visión de Daniel 8 es para el tiempo del fin, y el 34 d. C. no está cerca del tiempo del fin.

La única otra alternativa es la de cortarlas del lugar lógico: el comienzo de los 2.300 días (vea el diagrama siguiente).

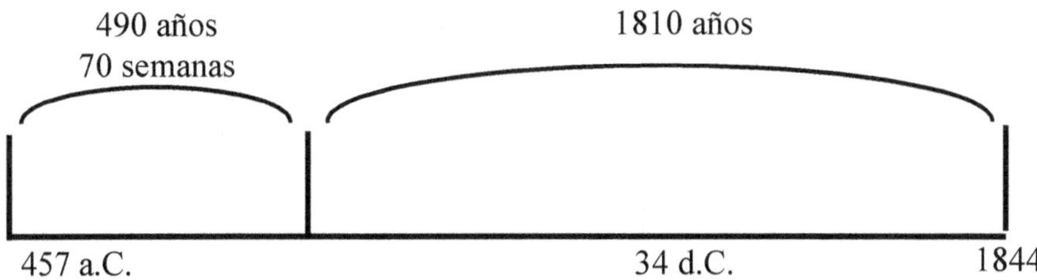

¡Vea el resultado! ¡Si comienza con los primeros 490 años de los 2.300 (utilizando el principio de día por año), llega al año 34 d. C., y luego, al añadir los restantes 1.810 años, llegará hasta el 1844!

O si usted añade 2.300 años directamente al 457 a. C. (recuerde de deducir el año cero), ¡también llegará a 1844!

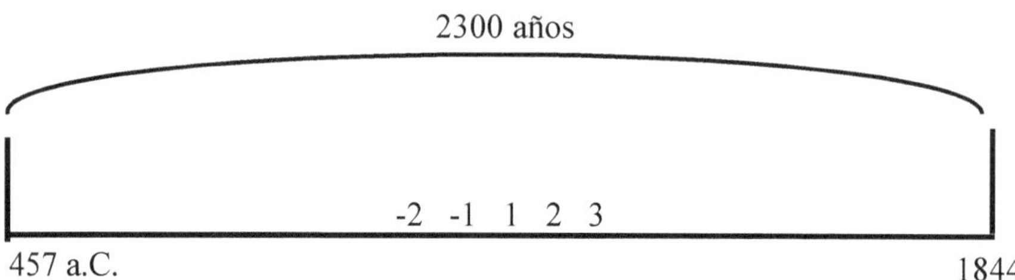

¡De cualquier forma que lo haga, llegará al 1844!

También note cómo 1844 responde a los requisitos del juicio:

(1) Viene después de la cruz; (2) viene después de 1798; (3) viene antes de la segunda venida.

Conviene recordar que los adventistas no fueron los únicos que relacionaron los 2.300 días de Daniel 8 y las setenta semanas de Daniel 9. Un gran número de eruditos bíblicos han unido ambas cosas desde hace muchos años. Por ejemplo, el obispo Daniel Wilson (1778-1858) en 1836 escribió: "Por lo tanto, las setenta semanas que comienzan con la salida de este decreto; los 2.300 días de la visión precedente, comienzan al mismo tiempo, porque se trata de la misma visión" (citado por LeRoy Froom, *The Prophetic Faith of our Fathers*, tomo 13, p. 620). Wilson propuso que el fin de los 2.300 días era 1847.

Incluso si algunos discutieran la fecha de 457 d. C., no pueden llevarla muy lejos porque esta profecía está basada en Jesús. Si algunos usaran números un poco diferentes, como hizo Wilson, aun así tendrían que colocar la purificación del santuario en la década de 1840. Si alguien deseara utilizar una fecha treinta, cincuenta, o cien años aparte de 457 a. C. para el comienzo de la profecía de las setenta semanas, tendría que mover la vida de Cristo treinta, cincuenta, o cien años de las fechas en que vivió. La vida de Jesús es nuestra garantía de que la profecía es correcta y forma la base para la misma. La profecía es tan firme como Jesús mismo.

Regrese al comienzo de este libro, y con la ayuda de su Biblia, estudie la secuencia de los reinos en Daniel 2. Entonces estudie el capítulo sobre Daniel 7 y su secuencia de los eventos. Estudie la identidad del cuerno pequeño. Vea cómo el juicio celestial sucede al poder del cuerno pequeño, el cual actúa hasta el año 1798. Note cómo el juicio en Daniel 7 debe ser después de 1798 porque sucede al cuerno pequeño. Repase la secuencia de eventos en Daniel 8, incluyendo la purificación del santuario, la que ocurre después del cuerno pequeño. Repase el diagrama (p. 38) que muestra cómo el juicio celestial y la purificación del santuario son eventos paralelos y que deben ocurrir después de 1798. Ese paralelismo es crucial.

Vea cómo en Daniel 8 la *marah* de las 2.300 "tardes y mañanas" no se explica, entonces repase las conexiones entre los capítulos 8 y 9. El mismo intérprete angélico señala hacia la visión previa, especialmente a la *marah* de los 2.300 días una profecía de tiempo y promete darle entendimiento. Entonces le da otra profecía de tiempo, una más pequeña y dice que esta es "cortada". Repase hasta que vea que el único lugar del cual puede ser cortada es del comienzo de los 2.300 días.

Estudie las setenta semanas. Vea cómo comienza la profecía de los 2.300 días, y entonces estudie hasta que vea que los 2.300 días deben terminar en 1844. Lea esta primera sección de *1844 Hecho Simple* repetidamente, con la ayuda de su Biblia, hasta que pueda impartir este estudio por usted mismo. Hasta que usted no pueda compartirlo, usted no podrá entenderlo totalmente.

Un asunto final. La profecía de las setenta semanas es indudablemente la predicción mesiánica más poderosa de la Biblia. Sin duda alguna demuestra que Jesús es el Mesías. Ninguna otra profecía ha sido tan estudiada,-tan debatida o es tan controversial. Claramente, más que ninguna otra profecía, demuestra que Jesús es el Mesías.

Sin embargo, las setenta semanas la predicción mesiánica más poderosa e importante es sólo una parte de la profecía de los 2.300 días. Obviamente, entonces, los 2.300 días deben ser cruciales: si no, no estarían tan relacionados con una profecía tan importante como la de las setenta semanas. Recuerde también que el antiguo Israel no estaba preparado para la primera venida de Jesús porque, entre otras razones, no entendía la primera parte de la profecía de los 2.300 días: las setenta semanas, lo que constituía la verdad presente para su tiempo. Nosotros mismos puede ser que no estemos preparados para la segunda venida de Cristo porque, entre otras cosas, no entendemos la segunda parte de la profecía de los 2.300 días: la purificación del santuario, verdad presente para nuestro tiempo.

Capítulo Siete

A esta altura de nuestras consideraciones, si usted ha leído y releído el material, usted deberá ser capaz de dar un estudio sobre 1844. Tarde o temprano, sin embargo, encontrará ciertos argumentos contra el juicio investigador de 1844. Esta sección analiza los más importantes.

Un argumento contra la manera en que los adventistas comprenden a Daniel 8:14 involucra la relación entre el capítulo 8 y el santuario levítico. Algunos opinan que no debiéramos relacionar Daniel 8 al servicio del santuario, ni tampoco debiéramos ver la purificación del santuario de Daniel 8 como el cumplimiento de la purificación típica del santuario en Levítico.

¿Es válido este argumento, o realmente existen lazos entre Daniel 8 y el santuario levítico?

Daniel 7 se refiere a un león, un oso, un leopardo y también a una cuarta bestia: todos ellos animales inmundos. ¿Qué tipo de animales hay en Daniel 8? Un carnero y un macho cabrío. No son sólo animales limpios, también son animales utilizados en el santuario. ¡Y no sólo eso, son animales utilizados en el servicio del día de la expiación! Vea Levítico 16.

Aunque este hecho no prueba que Daniel 8 se refiere a Levítico, parece indicar una conexión.

La relación crucial entre Daniel 8 y Levítico se encuentra en el lenguaje de Daniel 8, que contiene palabras que se relacionan con el culto del santuario.

Daniel 8:11, por ejemplo, tiene imágenes propias del santuario. "Aun se engrandeció contra el príncipe de los ejércitos, y por él fue quitado el continuo sacrificio, y el lugar de su santuario fue echado por tierra".

La palabra hebrea para lugar, *makon* (también traducida como *fundamento*), se utiliza en el Antiguo Testamento dieciséis veces, catorce de las cuales se relacionan directamente con el santuario. En dos de las otras tres, se relaciona con el trono de Dios, sugiriendo un enlace con el santuario. Vea Éxodo 15:17; 1 Reyes 8:13; 2 Crónicas 6:2; Isaías 18:4.

¡También tomemos en cuenta la palabra *santuario* en sí misma! Ese término por sí sólo relaciona este capítulo con Levítico. En el versículo 11 la palabra se traduce de *miqdash*, un vocablo común para el santuario terrenal a lo largo del Antiguo Testamento. En algunos pasajes, se refiere también a la morada celestial de Dios. Vea Salmos 68:35; 96:6.

En Daniel 8:14 "Hasta 2.300 tardes y mañanas; luego el santuario será purificado" la palabra para santuario, *qodesh*, también relaciona al capítulo con el culto levítico. Esa palabra puede referirse al santuario total, al lugar santo, o al lugar santísimo. Qodesh se utiliza a través de Levítico 16, donde el k, el santuario, ha de ser purificado.

Ejército, que se encuentra en los versículos 11 y 12, proviene de *tsaba*, vocablo que en el contexto del santuario se ha utilizado en relación con el trabajo de los levitas, aquellos que servían en el santuario terrenal. Vea Números 4:3, 23, 30; 8:24.

La palabra para *diario* en el versículo 11, *tamid*, tiene una poderosa conexión con el santuario. La mayoría de las traducciones la traducen "el continuo sacrificio" porque la palabra *tamid*, en referencia al servicio del santuario, se utiliza para el sacrificio diario (aunque la palabra sacrificio no está en el texto original), el cual se ofrecía cada mañana y cada tarde. Vea Éxodo 29:38, 42. A veces se traduce *continuo* o *siempre*. Una sección del Talmud se llama *Tamid*, y trata de "todos los reglamentos sobre el ofrecimiento de los sacrificios regulares diarios".

La palabra *tamid* se utiliza en relación con el pan diario de la proposición (vea Éxodo 25:30) en el primer apartamento del santuario. Se la utiliza en referencia a las lámparas del primer apartamento, las que ardían (*tamid*) siempre delante del Señor. Vea Éxodo 27:20.

Tamid se refiere al uso del incienso en el primer apartamento. Vea Éxodo 30:8. En Levítico 6:13, *tamid* se refiere al fuego en el altar de las ofrendas quemadas: un fuego que debía arder continuamente sobre el altar y nunca apagarse.

Claramente, la palabra *tamid* tiene conexiones con el santuario. No obstante, note que la palabra sólo se utiliza en relación con el ministerio dentro del primer apartamento. Nunca se utiliza en relación con el segundo apartamento, donde ocurre el juicio. *Tamid* habla sólo del primer apartamento. El significado de esto se verá prontamente.

La palabra para "quitado" en el versículo 11, de la raíz *rum*, se utiliza en conexión con el santuario. Aunque por sí misma, *rum*, como raíz, significa "levantar", en el contexto del santuario, especialmente cuando se utiliza en la forma verbal causativa (como sucede en Daniel 8:11), significa "quitar". En algunos lugares en Levítico, *rum*, a menudo en la forma causativa, se traduce, "quitado" al igual que se lo hace en Daniel 8:11. Vea Levítico 2:9; 4:8, 10, 19. Se utiliza con referencia a "quitar" los cadáveres de los animales durante las ceremonias de los sacrificios.

Hasta ahora, hemos probado que lingüísticamente, Daniel 8 puede conectarse con el culto del santuario. Pero si observamos exactamente lo que sucede en alguno de estos versículos, podemos establecer lazos aún más poderosos.

Anteriormente vimos que Daniel 8 trataba sobre Medo-Persia y Grecia. El poder del cuerno pequeño, que aparece en el versículo 9, comienza como Roma pagana, "que creció mucho al sur, y al oriente, y hacia la tierra gloriosa". Aquí vemos una expansión horizontal sobre la tierra, lo cual hizo la Roma pagana, cumpliendo así perfectamente la profecía.

En los versículos 10 al 12, las acciones del cuerno pequeño se mueven hacia arriba y toman un carácter religioso. Se engrandece a sí mismo hacia "el príncipe de los ejércitos", quita el "continuo", echa por tierra "la verdad", incluso echa por tierra "el lugar de su santuario". Aquí se habla de la fase papal del cuerno pequeño y de su ataque contra el Evangelio.

¿Pero cómo, por ejemplo, pudo el papado "echar por tierra" el lugar, o fundamento, del santuario celestial (y debe referirse al celestial porque el papado no existió en los días del santuario terrenal)? Obviamente, el papado no subió al cielo ni atacó físicamente el santuario. En vez de eso, por medio de su sistema de la misa, el sacerdocio, la confesión, la mediación, etc. que constituye una falsificación de la vida, muerte y ministerio sumo sacerdotal de Jesús (el príncipe de los ejércitos) se perdió el fundamento de la obra de Cristo en el cielo, o en cierto sentido, fue "echado por tierra".

Imagine que la Radio Libre Europea transmita el programa religioso "La Voz de la Esperanza" a los países comunistas. Las ondas de radio viajan a través del aire, pero antes de llegar a los radiorreceptores, los gobiernos envían señales obstaculizantes que bloquean la transmisión. Las personas objeto del programa no reciben nada, no escuchan nada, ni saben nada de las verdades que éste tenía. En cierto sentido, el fundamento la esencia del mensaje se pierde, es quitado, echado por tierra. Este mismo principio se aplica a la interferencia papal con el ministerio sumo sacerdotal de Cristo.

Obviamente estamos tratando con acciones simbólicas porque la "verdad" no puede ser literalmente echada por tierra. De la misma manera en que el papado no podía "echar por tierra" el santuario *físicamente*, tampoco podía *físicamente* "echar por tierra la verdad" (versículo 12).

Pero por medio de su intercesión y mediación falsas, el papado fue capaz de destruir la verdad acerca de la obra de Cristo en el santuario, por lo tanto "la echó por tierra".

El versículo 10 dice que el papado "se engrandeció hasta el ejército del cielo" y que "parte del ejército y de las estrellas echó por tierra". ¿A quiénes se refiere la expresión "ejército del cielo"?

A los ángeles, por supuesto. Apocalipsis 13:6, hablando acerca del mismo ataque religioso hecho por el papado, dice que "abrió su boca en blasfemias contra Dios, para blasfemar de su nombre, de su tabernáculo, y de los que moran en el cielo". ¿Quiénes moran en el cielo? Los ángeles, el ejército del cielo. Apocalipsis 12:4 habla acerca de la caída de Lucifer y los ángeles, a los que se les llama "las estrellas del cielo". En el versículo 10, el papado echó por tierra a algunos del ejército de "estrellas" que estaban en el cielo.

Nuevamente no nos referimos a un echar por tierra físico, sino espiritual. Por medio de aseveraciones y prerrogativas papales, tal como la de reclamar superioridad sobre los ángeles, aseverando tener control sobre ellos, o por medio de cualquier otra manera en la que históricamente se ha blasfemado a los que "moran en el cielo", el papado fue capaz de engrandecerse "hasta el ejército del cielo" y de echarlos por tierra, tal como espiritualmente echó por tierra la verdad.

Vea el versículo 11 y su descripción del poder del cuerno pequeño. Una Biblia judía lo traduce: "Sí, se magnificó a sí mismo, hasta el príncipe del ejército; y quitó de él el holocausto continuo [el tamid], y el lugar de su santuario echó por tierra".

El hebreo literalmente dice "de él", esto es, del príncipe del ejército, se quitó el "diario" o "continuo". El "príncipe del ejército" obviamente se refiere a Jesús: "el Mesías Príncipe" (Daniel 9:25); "en aquel tiempo se levantará Miguel, el gran príncipe" (Daniel 12:1). El libro de Hebreos también se refiere a Jesús como nuestro sumo sacerdote en el santuario celestial.

El cuerno pequeño –el papado– se ensoberbece aun contra Jesús. Cualquiera que reclama para sí las funciones de la divinidad, tal como lo han hecho los papas, se está engrandeciendo contra Dios. La abolición del "diario", o sea, del ministerio de Cristo en el santuario, proviene del sistema apóstata de mediación, intercesión, etc., prerrogativas que pertenecen a Cristo en el santuario en el cielo, pero que fueron usurpadas por el papado. En este sentido, la "verdad" acerca del "lugar de su santuario fue echada por tierra".

El versículo 12 de Daniel 8, hablando acerca del cuerno pequeño, dice que "a causa de la prevaricación le fue entregado el ejército junto con el continuo sacrificio".

¿Quién es este "ejército" entregado al cuerno pequeño, un ejército relacionado con el continuo sacrificio, "a causa de la prevaricación"? El Dr. Hasel escribe que "podría referirse al clero". De hecho, la obra del sacerdocio papal a través de su transgresión de la verdad de Dios usurpó "el ministerio mediatorio del príncipe celestial de los ejércitos. La intercesión, mediación y otros beneficios asociados con el *tamid* están bajo el control del 'ejército' del cuerno pequeño" (Comité de Daniel y Apocalipsis, tomo 2, pp. 416-417).

El sacrificio de la misa, la confesión ante sacerdotes, la mediación de los sacerdotes, el orar a los santos, todo el sistema papal usurpó la verdad del santuario hasta que ésta se perdió, fue echada por tierra y "fue quitada".

Hemos llegado a un asunto crucial. ¿Por qué sólo se quitó el diario (el *tamid*)? Lea el versículo 11. *Tamid* se refiere solamente al ministerio dentro del primer departamento del santuario. ¿Por qué el papado sólo quitó lo relacionado con el primer departamento? ¿Por qué sólo el "diario"? ¿Por qué no la obra del segundo departamento?

¡Porque el ministerio dentro del segundo departamento, el anual, que ocurría cuando se purificaba el santuario, todavía no operaba!

¡No fue sino hasta el fin de los 2.300 días, en 1844, que comenzó el ministerio dentro del segundo departamento! No podía ser quitado durante el reinado del cuerno pequeño porque no estaba funcionando en ese tiempo. "Hasta dos mil trescientas tardes y mañanas; luego el santuario será purificado". ¡Hasta 2.300 días, luego comenzará el servicio anual!

En Daniel 8, tenemos ambas fases del ministerio sumo sacerdotal de Cristo en el cielo: el diario, que recibe el ataque del papado, y el anual, el ministerio dentro del segundo departamento, que comienza al fin de las 2.300 "tardes y mañanas", cuando el santuario es purificado.

¿Puede ver cómo se relaciona todo con el santuario?

De hecho, usted no puede comenzar a comprender la esencia de Daniel 8 sin relacionarlo con Levítico.

También vemos a Jesús en Daniel 7, 8 y 9. Daniel 9 señala su papel de cordero, presentando específicamente a Cristo como el sacrificio cuando menciona que "se quitará la vida al Mesías, mas no por sí" (versículo 26). Daniel 9, como el 8, también usa el idioma del santuario. Habla acerca del santuario, los sacrificios, la expiación por el pecado, todo lo cual establece otro lazo entre ambos capítulos. Daniel 9, sin embargo, presenta a Jesús como el cordero, un énfasis que no se encuentra en los dos capítulos previos.

En Daniel 8, vemos a Jesús como el sumo sacerdote: "el príncipe de los ejércitos". Su papel es el de mediador en el santuario celestial, un énfasis que no se encuentra en los capítulos 7 y 9. "Tenemos tal sumo sacerdote, el cual se sentó a la diestra del trono de la Majestad en los cielos, ministro del santuario, y de aquel verdadero tabernáculo que levantó el Señor, y no el hombre" (Hebreos 8:1-2). En Daniel 8, Jesús cumple este papel de sumo sacerdote.

En Daniel 7 se encuentra otro énfasis: el de un reino. Numerosas veces habla acerca del "reino": "los santos recibieron el reino" (versículo 22); "los santos... poseerán el reino" (versículo 18); "el reino, y el dominio y la majestad de los reinos" (versículo 27). Aquí vemos a Jesús como la cabeza de ese reino. El es Rey, una función que no se menciona en los capítulos 8 y 9.

Podemos abundar aún más. Daniel 9 habla acerca de ungir "al Santo de los santos". Las palabras hebreas utilizadas para el "Santo de los santos" pueden referirse solamente al santuario. ¿Pero qué santuario habría de ungirse dentro del período de tiempo de la profecía de las setenta semanas, 457 a. C. a 34 d. C.? No el santuario del desierto, que fue ungido más de 1.000 años antes. El "Santo de los santos" no puede ser el templo de Salomón, que fue ungido en el siglo X a. C. El segundo templo fue ungido en 516 a. C., casi sesenta años antes del comienzo del período de las setenta semanas. El único otro "Santo de los santos" de importancia es el lugar santísimo en el cielo, el "verdadero tabernáculo" donde Jesús actualmente oficia.

Según Daniel 9 Jesús derrama su sangre, y entonces se utiliza esa sangre para ungir el "Santo de los santos", el santuario celestial. En Daniel 8, vemos a Jesús inicialmente en su ministerio dentro del primer departamento, el diario, y luego en su ministerio dentro del segundo departamento, cuando el santuario es purificado. Finalmente, Daniel 7 consuma la secuencia con el establecimiento del reino de Cristo y su función de rey.

En estos capítulos existe la misma secuencia del servicio en el santuario terrenal: sacrificio, ungimiento (Daniel 9); ministerio dentro del primer departamento, ministerio dentro del segundo departamento (Daniel 8); y finalmente el fin del mundo (Daniel 7), todo esto con Jesús como su centro.

¿Por qué, entonces, esta secuencia está al revés? El Dr. Shea explica que la mente de los antiguos hebreos trabajaba de efecto a causa, en vez de causa a efecto, que es la forma en que analiza la mente del hombre occidental moderno. Era por lo tanto natural comenzar esta secuencia con el efecto: el establecimiento del reino, y terminar con la causa: el sacrificio de Jesús.

"Por lo tanto", escribe Shea (tomo 2, p. 239), "estas tres profecías en Daniel forman una cadena interrelacionada de explicaciones sobre la obra de esta figura que es común para todos ellos. En el capítulo 9, él es el sacrificio. En el capítulo 8, él es el sacerdote. En el capítulo 7, él es el rey. Debido a que estas fases diferentes de la obra [de Cristo] están unidas por una hebra común, la figura que se destaca en todas ellas debiera identificarse como la misma. Las primeras dos fases han sido cumplidas en Jesucristo, y esperamos la conclusión de la tercera cuando los santos serán conducidos al reino eterno de Dios".

Por cierto, no sólo vemos más eslabones entre Daniel 7, 8 y 9, sino que podemos ver cómo estos capítulos, particularmente el 8 y el 9, se relacionan con el culto del santuario: un enlace que los adventistas hemos proclamado desde 1844.

Capítulo Ocho

Otro argumento que se opone a nuestra comprensión del juicio investigador es que la traducción "purificado" en Daniel 8:14 no es exacta. "Purificado", según se dice, no es la traducción correcta, y la palabra para "purificado" ("limpiado" en la Versión King James en inglés), *tsadaq*, no está relacionada con la raíz de la palabra que se traduce "limpiar" en Levítico 16, *taher*. Por lo tanto, ellos afirman que Daniel 8 no está hablando acerca de la purificación del santuario, y que no tiene nada que ver con algún tipo de juicio divino tal como el que se simboliza en Levítico.

Aunque la mayoría de las traducciones modernas se han apartado de la palabra "purificado" o "limpiado" en Daniel 8:14, a favor de traducciones tales como "será justificado", la palabra "purificado" se ha utilizado históricamente para traducir la palabra *tsadaq* en Daniel 8:14. En español se utiliza la palabra "purificado" en la Versión Reina-Valera, en la Versión Moderna y en la Versión Nácar-Colunga. La Biblia de Jerusalén la traduce "reivindicado".

El Dr. Hasel cita a un teólogo no adventista que argumenta a favor de la palabra purificado en Daniel 8:14 porque "será justificado" o algo similar, "difícilmente puede decirse del santuario". De hecho, en el contexto del servicio del santuario, él cual es el contexto de Daniel 8, el santuario en sí mismo nunca es "justificado". Es purificado. Vea Levítico 16.

También, las palabras con la raíz *tsdq* se utilizan en construcciones paralelas con palabras que claramente significan "purificado", incluyendo a *taher*.

Imagine un poema que dice: "Tengo una casa / la casa es mi hogar". Casa y hogar se relacionan, no por su sonido (no riman) sino por su significado, es decir, semánticamente. Se corresponden entre sí porque sus significados son similares.

La poesía hebrea usa este tipo de relación, una relación semántica, de significados, y en numerosos lugares las palabras que tienen la raíz *tsdq* aparecen en forma paralela con palabras que claramente significan "limpiar" o "purificar". Varios eruditos, incluso no adventistas, han notado estas conexiones. En Job 4:17, por ejemplo, vemos *taher* y *tsadaq* en construcciones paralelas:

¿Será el hombre más justo (*tsadaq*) que Dios?
¿Será el varón más limpio (*taher*) que el que lo hizo?

Tal como *casa* y *hogar* se relacionan, podemos ver cómo las palabras *justo* y *limpio* se relacionan en forma paralela una a la otra en estos versos: no por su sonido, sino por su significado.

Muchas traducciones antiguas de la Biblia tradujeron Daniel 8:14 "purificado/limpiado". La Septuaginta la rinde "limpiado". La Vulgata latina la traduce "purificado/limpiado". La Peshito siríaca la traduce "purificado/limpiado". La Biblia Copta la traduce "purificado/limpiado".

También en la Septuaginta –la primera traducción griega de la Biblia hebrea– la misma raíz utilizada para "purificado" (*katarizo*) en Daniel 8:14 se utilizó para "limpiar" en su traducción de Levítico 16. Claramente, los traductores de la Septuaginta vieron una relación entre *taher* y *tsadaq*.

Y la misma raíz griega se utiliza en Hebreos, cuando se habla de la necesidad de limpiar el santuario celestial: "Fue, pues, necesario que las figuras de las cosas celestiales fuesen purificadas (*katarizo*) así; pero las cosas celestiales mismas, con mejores sacrificios que estos" (Hebreos 9:23).

La *Concordancia de Strong* presenta "limpiar" como uno de los significados de *tsadaq*.

El Dr. Hasel explica que la raíz *tsadaq* se utiliza a menudo en el Antiguo Testamento en el contexto de un juicio. La palabra en este caso se ha traducido "justificar" o "vindicar", a menudo refiriéndose a personas. Varios derivados de la raíz *tsadaq* se han utilizado en- el contexto de cortes o tribunales y procedimientos legales. Por esta razón, Hasel especula que Daniel "escogió el término *nisdaq* [la forma pasiva de *tsadaq*], una palabra proveniente de una raíz con connotaciones ricas y amplias, utilizada a menudo en el contexto de juicios y procedimientos legales, para comunicar efectivamente los aspectos interrelacionados de 'la purificación' del santuario celestial en el contexto cósmico del juicio final" (Comité de Daniel y Apocalipsis, tomo 2, pp. 453-454).

En otras palabras, él utilizó específicamente ese vocablo para expresar la idea de juicio, a la vez que para referirse a la purificación del santuario.

En el contexto de Daniel 8, "será purificado" es la mejor traducción de *tsadaq*, que tiene conexiones poderosas con *taher* en Levítico 16.

Otro argumento señala la actividad del cuerno pequeño en Daniel 8. Algunos afirman que la purificación del santuario en el versículo 14 viene sólo debido a que el cuerno pequeño "echó por tierra" el santuario. Ver versículos 11-13. Por lo tanto, Daniel 8 trata sólo acerca del acto de echar por tierra el santuario y no tiene nada que ver con el juicio del pueblo de Dios.

La clave para entender esto está en que Daniel 8 es una expansión de Daniel 7. Daniel 8 complementa o añade otra dimensión a Daniel 7. Vimos como la purificación del santuario en el capítulo 8 describe la gran escena del juicio del capítulo 7, donde el pueblo de Dios fue juzgado favorablemente y se le dio el dominio. Daniel 8, sin embargo, introduce la idea del santuario, el sacerdocio y un ministerio celestial: ideas que no se mencionan en Daniel 7. Ambos capítulos tratan del mismo tema, pero desde perspectivas diferentes.

Ambos capítulos (Daniel 7:21, 25; Daniel 8:24) se refieren también al pueblo de Dios, que es perseguido por un sistema religioso apóstata. Daniel 7 concluye con la extinción de ese poder apóstata cuando se le da el dominio a "los santos del Altísimo". Un énfasis que se encuentra en Daniel 7 y no en Daniel 8, es la idea de un reino y dominio que se da al pueblo de Dios. Ver Daniel 7:26-27. Este dominio es el resultado del juicio, que pone fin al poder blasfemo y perseguidor del cuerno pequeño.

Lo que se destaca en Daniel 8 sobre el papado no es tanto su acto de persecución como su apostasía. El cuerno pequeño ha iniciado un sacerdocio, una mediación y un plan de salvación falsos. También en Daniel 8 el cuerno pequeño encuentra su derrota: será "quebrantado, aunque no por mano humana" (Daniel 8:25). Y aunque no se menciona en Daniel 8, el pueblo de Dios finalmente recibirá el reino que se menciona en la visión paralela de Daniel 7. En Daniel 8, el resultado de la purificación del santuario es lo que por último produce la destrucción del cuerno pequeño. En Daniel 7 fue el juicio celestial lo que trajo el fin al cuerno pequeño.

Obviamente, la actividad del cuerno pequeño estaba relacionada con la purificación del santuario porque, como sucede en el juicio en Daniel 7, el *resultado* de esa purificación finalmente conducirá a la destrucción del cuerno pequeño. Daniel 7 y 8 concluyen con la salvación y vindicación del pueblo de Dios, al igual que con la erradicación del cuerno pequeño. Esta destrucción es el *resultado* del juicio y de la purificación del santuario. En este sentido, por lo tanto, la actividad del cuerno pequeño se relaciona con la purificación del santuario, aunque la purificación involucra más que sólo la actividad apóstata del cuerno pequeño: una perspectiva que sólo aparece en este capítulo.

El cuerno pequeño también aseveró ser un poder cristiano. Por cerca de un milenio, casi todo el cristianismo siguió al cuerno pequeño. Dios tenía a millones que profesaban su nombre y aseveraban seguirlo: personas cuyos nombres fueron escritos en los libros del cielo en el santuario. Muchos, sin embargo, aunque profesaban seguir a Jesús, no eran sus seguidores; es más, a menudo eran sus enemigos. Sus nombres serán borrados en el juicio, cuando el santuario sea purificado. Ver Apocalipsis 3:5. La determinación de quién era o no era fiel, no viene sino hasta la purificación del santuario, cuando los registros de los pecados de los que profesan seguir a Jesús son borrados, o sus propios nombres son borrados de los libros. En ese sentido, el cuerno pequeño también "contaminó" el santuario porque el registro de los pecados de sus seguidores fueron registrados en el mismo.

Otro aspecto posible, aunque ciertamente no primordial, es que el cuerno pequeño echó por tierra el lugar del santuario, no físicamente, sino al ocultar la verdad concerniente al mismo. Algunos sugieren que un cumplimiento de la purificación del santuario podría ser que la verdad referente al mismo fue finalmente revelada después de haber estado perdida por tanto tiempo. También en ese sentido el santuario fue purificado de la actividad del cuerno pequeño.

El punto importante es que la purificación del santuario involucró *más* que la actividad del cuerno pequeño, más que una vindicación de la verdad. Gracias a Daniel 7, y al símbolo terrenal, entendemos que la purificación del santuario involucró un juicio de personas que profesan servir a Dios (que incluyó a aquellos que eran parte del cuerno pequeño), un juicio que finalmente separaría el trigo de la paja, y que produciría la destrucción de la maldad en el mundo y el establecimiento del reino de Dios.

Debido a que Daniel 8:14 dice literalmente: "Hasta dos mil trescientas tardes y mañanas; luego el santuario será purificado", se ha argumentado que los 2.300 días no son en verdad 2.300 días, sino 1.150 días. ¿Por qué? Porque tarde y mañana supuestamente representan los dos sacrificios que se ofrecían cada día. Por lo tanto, dos sacrificios diarios serían equivalentes a 2.300 sacrificios de "tarde y mañana" ofrecidos en el transcurso de 1.150 días enteros. La versión en inglés *Today's English* lo traduce así. Si esta interpretación fuera correcta, entonces el santuario habría sido purificado no en 1844 d.C., sino en el 694 d.C.

¿Representan las 2.300 tardes y mañanas sólo 1.150 días? Se han provisto numerosos argumentos, incluso por no adventistas, que prueban que no es así. En primer lugar, la secuencia "tarde y mañana" en Daniel 8:14 es lo opuesto a la secuencia utilizada en la Biblia para referirse a los dos sacrificios diarios. Las ofrendas quemadas de la mañana y tarde es la secuencia que la Biblia usa en forma firme y regular. Ver Éxodo 29:39; Números 28:4. Nunca es "tarde y mañana", como se lo encuentra en Daniel 8:14. "Tarde y mañana" no tiene nada que ver con los sacrificios.

Más bien, la secuencia de tarde y mañana de Daniel se encuentra en Génesis 1, que la utiliza para referirse a un día completo. Cuando los judíos deseaban referirse al día y la noche en forma separada, mencionaban el número de ambos, como sucede en la frase "cuarenta días y cuarenta noches". Ver Génesis 7:4,12. Pero incluso allí, la expresión "cuarenta días y cuarenta noches" significó cuarenta días completos, no veinte.

La razón por la que algunos tratan de convertir los 2.300 días en 1.150 es para hacer que Antíoco Epífanes, un rey seléucida que persiguió a los judíos en el siglo II antes de nuestra era, sea el objeto de la descripción del cuerno pequeño en Daniel 8. Si Antíoco quien profanó el templo de Jerusalén era el cuerno pequeño, entonces las profecías de Daniel 8 habrían sido cumplidas incluso antes del nacimiento de Jesús, anulando el significado de 1844.

Pero la profanación del templo por Antíoco Epífanes duró sólo 1.080 días. Así que si los 2.300 días fueron sólo 1.150 días literales, todavía él estaría fallando por 70 días, y mucho más si se trata de 2.300 días. Esta interpretación es bastante inexacta.

Existen otras razones por las cuales Antíoco no puede ser el cuerno pequeño. Vimos anteriormente que el carnero de Medo-Persia se hizo "grande" (Daniel 8:4) y que el macho cabrío griego llegó a ser "muy grande" (versículo 8). Sin embargo, el cuerno pequeño que los siguió, fue mayor que ambos: "Creció mucho al sur, y al oriente, y hacia la tierra gloriosa" (versículo 9). Antíoco, por lo tanto, debió haber sido mayor que los Imperios Medo-Persa y Griego. Obviamente, eso no fue así. Más bien gobernó sobre sólo una porción del Imperio Griego, tuvo poco éxito y por poco tiempo solamente.

El surgimiento del cuerno pequeño fue fechado en relación con los cuatro reinos que surgieron del desmenuzamiento del imperio de Alejandro Magno. Habría de venir "al fin del reinado de éstos" (Daniel 8:23). Uno de esos cuatro reinos: la dinastía seléucida, de la cual surgió Antíoco, consistió de más de veinte reyes que reinaron desde el 311 al 65 a. C. Antíoco fue el octavo de éstos, reinando desde el 175 al 164 a. C. Es claro que, debido a que doce reyes le siguieron, y sólo siete lo precedieron, él no surgió en el "fin del reinado de éstos".

Daniel 8 habla acerca del "tiempo del fin". Vea el versículo 17. Es obvio que la muerte de Antíoco más de 150 años antes de Jesús no lo califica para ser colocado dentro de esa profecía de tiempo.

Además, el cuerno pequeño quitó el "continuo", o sea, el ministerio diario dentro del primer departamento. Antíoco, quien prohibió los sacrificios del templo, quitó más que sólo el "continuo". Les prohibió ofrecer el sacrificio anual también. Aunque la profecía especifica que el cuerno pequeño sólo quitaría el ministerio dentro del primer departamento, Antíoco quitó más que eso. En esto, tampoco Antíoco se ajusta a la profecía.

Muchos otros argumentos indican que Antíoco no es el cumplimiento de Daniel 8. En el tomo 1 de la serie producida por el Comité de Daniel y Apocalipsis, el Dr. Shea tiene un capítulo titulado "Por qué Antíoco IV no es el cuerno pequeño de Daniel 8", que demuele la interpretación de Antíoco.

Finalmente, ninguna exposición sobre las críticas contra 1844 estaría completa sin discutir Hebreos. Los oponentes aseguran que Hebreos coloca a Cristo directamente en el segundo departamento del santuario: el Lugar Santísimo, después de su ascensión. Usando la *New International Versión* en inglés y también la Reina-Valera en español, con versículos tales como Hebreos 9:12 ("Y no por sangre de machos cabríos ni de becerros, sino por su propia sangre, entró una vez para siempre en el Lugar Santísimo"), aseveran que Cristo ha estado en el segundo departamento desde el año 31 d. C., anulando la creencia de que entró en el segundo departamento en 1844. ¿Es válido este argumento?

Hebreos es un estudio de la superioridad de Jesucristo en comparación con cualquier sistema anterior al suyo. Enseña que Jesús inició una era nueva y mejor, y un orden religioso nuevo y mejor.

En efecto, Hebreos es un estudio de los contrastes entre lo antiguo y lo nuevo, entre una era y otra. Hebreos contrasta el Antiguo Pacto con el Nuevo. Vea Hebreos 7:22; 8:6-8; 12:24. Contrasta el sacerdocio terrenal levítico con el sacerdocio nuevo y mejor de Jesús. Ver Hebreos 8:4-5; 7:11-15. Contrasta la sangre de animales del antiguo sistema con la mejor sangre de Jesús. Ver Hebreos 9:13-14. Contrasta la antigua mediación terrenal con la mediación celestial nueva y mejor de Cristo. Ver Hebreos 8:1. Contrasta el antiguo santuario terrenal con el nuevo y mejor santuario en el cielo: "Pero estando ya presente Cristo, sumo sacerdote de los bienes venideros, por el más amplio y más perfecto tabernáculo, no hecho de manos, es decir, no de esta creación, y no por sangre de machos cabríos ni de becerros, sino por su propia sangre, entró una vez para siempre en el Lugar Santísimo [santuario, según la Biblia de Jerusalén, la de Bover-Cantera, Nácar-Colunga y la Reina-Valera antigua], habiendo obtenido eterna redención" (Hebreos 9:11-12).

La frase en griego que se traduce "Lugar Santísimo" es *ta hagia*, que literalmente significa "lo santo". Este libro no trata acerca de en cuál apartamento entró Jesús en el santuario celestial. Lo importante es que él *está* intercediendo allí por nosotros, un *mejor* mediador de un *mejor* pacto con *mejor* sangre, efectuando un *mejor* ministerio, en un *mejor* santuario [Para los que desean hacer un estudio mas detallado sobre el termino "*ta hagia*" en la epístola a los Hebreos, véase el articulo "Lugar Santísimo"].

La única vez que Hebreos habla del segundo departamento solo es en Hebreos 9:3. Al describir el sistema terrenal dice: "Tras el segundo velo estaba la parte del tabernáculo llamada el Lugar Santísimo". Aquí, sin lugar a dudas, el autor está hablando acerca del segundo departamento solamente y utiliza las palabras en plural *hagia hagion*.

En ningún otro lugar en Hebreos se utiliza esta frase específica al describir dónde está Cristo en el cielo. Se utilizan diferentes palabras en plural, pero nunca *hagia hagion*, la fórmula que hace referencia al segundo departamento exclusivamente. Si entró en el *hagia hagion*, ¿por qué el libro de Hebreos no lo dice, ni una vez?

Si el escritor de Hebreos quería especificar que Cristo estaba en el segundo departamento, ¿por qué no usó *hagia hagion*, por ejemplo, en Hebreos 9:8, que dice: "Dando el Espíritu Santo a entender con esto que aún no se había manifestado el camino al Lugar Santísimo, entre tanto que la primera parte del tabernáculo estuviese en pie"? (Note el *contraste* entre lo terrenal y lo celestial.) La Reina-Valera erróneamente traduce como *Lugar Santísimo* la frase griega *ton hagion*, la que se refiere, según Hebreos 8:2, al santuario celestial entero: "Ministro del santuario [*ton hagion*], y de aquel verdadero tabernáculo que levantó el Señor, y no el hombre". Aquí no se utilizó *hagia hagion*, y en ningún otro lugar, al discutir el lugar donde se encuentra Jesús en el santuario celestial.

El único versículo que pareciera contradecir este punto es Hebreos 9:25 que dice: "Y no para ofrecerse muchas veces, como entra el sumo sacerdote en el Lugar Santísimo cada año con sangre ajena". Aquí la palabra para "Lugar Santísimo" no es *hagia hagion*, sino otra palabra plural, *ta hagia*, aunque el texto parece referirse al segundo departamento porque menciona un acto anual. Aparentemente se alude al Día de la Expiación.

¿Acaso este versículo entonces contradice mi tesis concerniente al uso de *hagia hagion*? ¡No! El sumo sacerdote aplicaba sangre en ambos departamentos en el Día de la Expiación, por lo cual Hebreos no utiliza *hagia hagion*, una frase que se refiere al segundo departamento exclusivamente. En vez de aquella, el escritor utiliza una palabra que se traduce "santuario", porque una vez al año el sumo sacerdote entraba en ambos departamentos, todo el santuario, donde ministraba con sangre. Ver Éxodo 30:10.

Si Hebreos quisiera especificar que Jesús estaba en el segundo departamento, en algún momento lo habría colocado en el *hagia hagion*. No lo hace, ni una sola vez. Decir que Hebreos coloca a Cristo en el segundo departamento es como decir que la frase de Juan en Apocalipsis: "Yo estaba en el Espíritu en el día del Señor" (Apocalipsis 1:10), prueba que Jesús cambió la observancia del sábado al domingo. Eso sería añadirle al texto algo que no contiene.

Más bien, el tema en Hebreos no es a cuál apartamento Jesús entró, sino que él está allí intercediendo por nosotros con su sangre derramada en nuestro favor.

Capítulo Nueve

En la culminación del debate acerca del santuario, el principio de día por año fue atacado. Algunos dijeron que no era válido, o que al menos no era "explícito". Otros desafiaron nuestra explicación del principio día por año en Daniel 7, 8 y 9.

Este asunto es crucial. Si el principio no es válido, o al menos no debe aplicarse en Daniel 7, 8 y 9, nuestro mensaje se derrumba.

¿Es el principio de día por año legítimo, y si es así, por qué debemos aplicarlo a esos tres capítulos de Daniel?

En primer lugar, el principio de día por año no fue originado por los milleritas ni por los adventistas del séptimo día.

Los judíos y los cristianos lo han estado aplicando durante siglos, a menudo a los mismos textos a los que los adventistas lo aplican hoy. Clemente de Alejandría (siglos II y III d. C.), un padre de la iglesia, aplicó el principio de día por año a las 70 semanas de Daniel 9, tal como lo han hecho la mayoría de los eruditos durante las edades, judíos y gentiles. Uno de los más grandes estudiosos hebreos, Rashi (1040-1105 d. C.), tradujo Daniel 8:14 como: "Y él me dijo, hasta dos mil y trescientos años". Este principio ha sido reconocido y aceptado en todo el mundo durante siglos. No es una innovación adventista.

¿Pero cuál es la evidencia bíblica? Todos estamos familiarizados con Números 14:34: "Conforme al número de los días, de los cuarenta días en que reconocisteis la tierra, llevaréis vuestras iniquidades cuarenta años, un año por cada día". Ezequiel 4:4-6 dice: "El número de los días que duermas sobre él, llevarás sobre ti la maldad de ellos. Yo te he dado los años de su maldad por el número de los días,... día por año, día por año te lo he dado". Aunque estos versículos sugieren el principio de día por año, ¿qué otra evidencia existe?

El Antiguo Testamento ha reconocido a menudo una relación entre días y años, y en algunos casos, aunque la palabra año es la que el texto requiere, la palabra hebrea literal ha sido días. La fiesta de la pascua, por ejemplo, se celebraba una vez al año. Ver Éxodo 13:10. El texto se traduce: "Por tanto, tú guardarás este rito en su tiempo de año en año". Sin embargo, en el hebreo dice literalmente "de días a días", aunque significaba de año a año.

En 1 Samuel 20:6 se lee: "Si tu padre hiciere mención de mí, dirás: Me rogó mucho que lo dejase ir corriendo a Belén su ciudad, porque todos los de su familia celebran allá el sacrificio anual". La frase "sacrificio anual" se traduce de palabras que literalmente significan "sacrificio de los días". Tal como en Éxodo, se utilizaba la palabra días aunque se refería a un año o evento anual.

En 1 Samuel 27:7 se lee: "Fue el número de los días que David habitó en la tierra de los filisteos, un año y cuatro meses". En el hebreo original dice: "días y cuatro meses" en vez de "año y cuatro meses".

Hay una palabra común hebrea para año, *shanah*, pero en estos versículos se utiliza la palabra que significa "días", mostrando así una conexión entre año y día en la Biblia.

Se pueden encontrar otros ejemplos de este tipo. Vea 1 Samuel 2:19; 1 Reyes 1:1. Sin embargo, incluso si éstos y otros versículos ayudan a comprobar el concepto del día-año, ¿podemos estar seguros de que debe aplicarse a las profecías de tiempo de Daniel 7, 8 y 9?

Daniel 9 declaró que "desde la salida de la orden para restaurar y edificar a Jerusalén hasta el Mesías" habría 69 semanas. Incluso si alguien argumentara a favor de una fecha con una diferencia de 50 años en relación con el 457 a. C. para el mandato de reconstruir a Jerusalén, todavía quedan 400 años entre esa fecha y la venida de Jesús, "el Mesías Príncipe". Si las 69 semanas son literales, entonces desde la orden para restaurar y reconstruir a Jerusalén (siglo V a. C.) hasta el Mesías (siglo I d. C.) habrían sido 69 semanas, o sea, un año, cuatro meses y una semana. ¡Esto es ridículo! El principio de día por año debe aplicarse aquí; si no se hace, la profecía no tiene sentido.

Quizá la mayor prueba de la validez del principio de día por año y de su aplicación en Daniel 9 es que funciona. ¿Será una coincidencia el que si se aplica el principio a las 69 semanas, se obtiene un período de tiempo que se ajusta a los dos eventos mencionados en el versículo? Si usted no usa el principio, la profecía no tiene sentido; si usted sí lo usa, la profecía funciona perfectamente. Ese punto por sí solo irrefutablemente comprueba la validez del principio de día por año.

Obviamente, el principio de día por año se aplica a la profecía de las 70 semanas, la que fue "cortada" de la profecía de los 2.300 días. Así que ambas son parte de la misma profecía. Si el principio de día por año funciona para una parte de la profecía total, ¿entonces no sería lógico que funcionara en la otra parte también? No sólo es lógico, sino absolutamente necesario.

Aplicar el principio de día por año a las 70 semanas nos da 490 años, ó 176.400 días. ¿Cómo podría usted cortar 176.400 días de 2.300? Usted no puede. La única forma en que podrían ser cortados es si aplicara el principio de día por año a los 2.300 días también. De otra manera, sería como tratar de substraer dos kilómetros de un metro. Por lo tanto, el principio de día por año debe funcionar en los 2.300 días.

Existe más evidencia a favor del principio de día por año en los 2.300 días. La pregunta que produjo la respuesta acerca de los 2.300 días está en Daniel 8:13, y dice literalmente, "¿Hasta cuándo durará la visión del continuo sacrificio, y la prevaricación asoladora entregando el santuario y el ejército para ser pisoteados?" Deben notarse algunos puntos de importancia: Se utilizan las palabras "hasta cuándo". El énfasis se coloca en el momento final. ¿"Hasta cuándo" sucederán estos eventos? Note la palabra que se traduce visión: *hazon*, la cual vimos que trata de la visión total, el cordero, el macho cabrío, etc.

¿Qué significa todo esto? La pregunta concierne al momento final ("hasta cuándo") de todo lo mencionado: el *hazon* o visión (que incluye al cordero y el macho cabrío), el continuo y la transgresión desoladora, todo está incluido. No se inquiere sólo acerca de la visión concerniente al "continuo" y la actividad del cuerno pequeño, sino acerca de todo lo que está en la visión, incluyendo la parte de la visión sobre el cordero y el macho cabrío. ¿"Hasta cuándo" sucederán todas estas cosas simbolizadas por el cordero, el macho cabrío y el cuerno pequeño? La respuesta es literalmente: "Hasta 2.300 tardes y mañanas".

Por lo tanto, los 2.300 días cubren todos los eventos mencionados en la pregunta: el cordero, el macho cabrío y el cuerno pequeño. El período de tiempo incluye los reinos de Medo-Persia, Grecia, lo mismo que a la Roma pagana y papal. Todos estos detalles entran dentro del período de tiempo al que se refiere la pregunta "Hasta cuándo", y deben cumplirse dentro del período de los 2.300 días.

Tomados literalmente, 2.300 días son seis años, tres meses y veinte días. ¿Cómo es que esta profecía podía ser literal y cubrir todos estos eventos? No podía. Medo-Persia por sí sola duró desde el 539 al 331 a. C. Esa nación, como también Grecia y Roma, cubre mucho tiempo para encajar dentro de sólo poco más de seis años. Por lo tanto, se debe estar utilizando el principio de día por año, que incluye más de dos milenios, lo suficiente para incluir todos los eventos. Sin el principio de día por año, la profecía no tiene sentido.

Además, aunque la profecía comienza con naciones que existieron hace miles de años, a Daniel se le dijo que la visión era para el "tiempo del fin". Obviamente, cualquier período de tiempo mencionado debía cubrir mucho más que seis años para traer la profecía, desde miles de años en el pasado, hasta el "tiempo del fin". Sin el principio de día por año, la profecía no podría extenderse tanto. Aquí también, el principio de día por año resuelve el problema.

En Daniel 7 se menciona este terrible cuerno pequeño. En un grado mucho mayor, se dan más detalles acerca del cuerno que acerca de todas las otras bestias, las que incluían los poderosos Imperios Babilónico, Medopersa, Griego y Romano: naciones que duraron cientos de años cada una. Sin embargo, el énfasis está sobre el pequeño cuerno, que es tan terrible que Dios mismo ha de ponerle fin por medio del juicio. ¿Cómo es posible que este cuerno pequeño, peor que cualquiera de las otras bestias que durarían cientos y cientos de años, vaya a durar solamente tres años y medio? Tres años y medio literales no concuerdan con la magnitud de los grandes eventos descritos en las porciones previas de la profecía. Además, vimos que la cuarta bestia era la Roma pagana, la que dejó de existir hace más de 1.500 años. El próximo poder, el cuerno pequeño, tenía que extenderse hasta el tiempo del fin, cuando el juicio ocurra y Dios establezca su reino. Es obvio que tres años y medio no se extienden desde los días finales de la Roma pagana hasta llegar al tiempo del fin. De esta forma, el tiempo literal no concuerda con los eventos que se describen en la profecía, aunque, nuevamente, el principio de día por año resuelve el problema.

Note también, las palabras exactas para la profecía de tiempo de Daniel 7:25. "Hasta tiempo, y tiempos, y medio tiempo". Qué forma extraña de decir tres años y medio. Es como si alguien me preguntara mi edad y yo dijera que tengo "veinte años, dos años, y diez años". Quizá yo querría decir otra cosa. De hecho, Daniel 4:25 dice que Nabucodonosor estaría enfermo, viviendo como un animal, hasta que "siete tiempos pasaran" sobre él. ¿Por qué no dijo hasta que "un tiempo, y tiempos, y tiempos, y un tiempo, y la mitad de un tiempo y la mitad de un tiempo"? El principio de día por año no puede aplicarse en este versículo, de otra manera el rey tendría que tener casi cuatro mil años de edad. Obviamente, Daniel se refería a un tiempo literal en cuanto a la extensión de la enfermedad del rey, por lo que probablemente dio un número normal.

Quizá Daniel utilizó la frase: "Hasta tiempo, y tiempos, y medio tiempo", en el capítulo 7, porque no se refería a tres años y medio literales. Se trataba de tiempo profético. En Daniel 7 tenemos símbolos a lo largo de todo el capítulo: un león, un oso, un leopardo con alas, cuernos que hablan: todos simbolizando cosas diferentes. ¿Acaso no es lógico que la secuencia de tiempo dada en esa profecía también fuera simbólica de algo más, especialmente cuando se da en una manera tan extraña? Desde luego.

Incluso con los 2.300 días, se encuentran los mismos detalles. Daniel 8 también es una visión con imágenes simbólicas. No se trata de una profecía acerca de animales, como tampoco lo era Daniel 7. Es totalmente profética. ¿No habría de esperarse también que una secuencia temporal en esos capítulos también fuese simbólica, en vez de literal?

Además, "tarde y mañana" no es la forma común de describir días. Las palabras típicas para días en la Biblia son *yamin* (en plural) y *yom*, las que ocurren más de mil veces en la Biblia. ¿No sería más sencillo el haber dicho: "Hasta seis años, tres meses, y veinte días; entonces el santuario será purificado", en vez de 2.300 días? Daniel 8:14 no exhibe una forma típica de referirse al tiempo. En 2 Samuel 5:5, por ejemplo, se dice que el rey "reinó sobre Judá siete años y seis meses", no 2.700 días.

Incluso las 70 semanas de Daniel no son una forma común de expresar el tiempo. ¿Por qué no fueron dadas como un año y cuatro meses y medio?

La razón de todo esto podría ser sencillamente que el Señor no se refería a tiempo literal, y utilizó estos números y unidades "simbólicos" para mostrarle al lector que se trataba de tiempo profético, y no de tiempo literal.

Es claro que existe mucha evidencia a favor del principio de día por año en Daniel 7, 8 y 9. Sin la aplicación de este principio estos capítulos no tienen sentido.

Capítulo Diez

Es obvio que la doctrina del juicio investigador que comenzó en 1844 permanece tan firme como la misma Palabra de Dios. Pero, ¿cuál es la importancia del juicio? ¿Y qué significa para nuestras vidas hoy en día?

Para comprender el juicio, debemos comprender la universalidad del gran conflicto y el hecho de que el pecado no es un asunto que se limita a la tierra. "¡Cómo caíste del cielo, oh Lucero, hijo de la mañana!" (Isaías 14:12). El pecado comenzó en el cielo, con Lucifer. Afecta a todos los miembros de la creación, quienes tienen preguntas concernientes al pecado, la ley y el carácter de Dios, preguntas que por miles de años se han discutido en la tierra. "¡Ay de los moradores de la tierra y del mar! porque el diablo ha descendido a vosotros con gran ira, sabiendo que tiene poco tiempo" (Apocalipsis 12:12).

Jesús ganó la victoria decisiva en la cruz. Allí se pagó plenamente la penalidad por la transgresión, y aquellos que reclaman en su favor los méritos de la sangre de Cristo han sido redimidos.

Pero, ¿qué diremos en cuanto al universo que observa lo que pasa? ¿Se contestaron en la cruz todas sus preguntas en cuanto al pecado, el gran conflicto y la ley de Dios?

Aparentemente no, porque Pablo escribió que la intención divina era "que la multiforme sabiduría de Dios sea ahora dada a conocer por medio de la iglesia a los principados y potestades en los lugares celestiales, conforme al propósito eterno que hizo en Cristo Jesús nuestro Señor" (Efesios 3:10-11).

Este texto, escrito años después de la muerte de Jesús, muestra que no todo lo que "los principados y potestades en los lugares celestiales" necesitaban conocer en cuanto a la "multiforme sabiduría de Dios" les había sido revelado en el

Calvario. En cambio, Dios iba a revelar más de esa sabiduría "por medio de la iglesia".

Notemos también que este plan de revelar la sabiduría de Dios al universo mediante su iglesia estaba en armonía con el "propósito eterno que es en Cristo Jesús nuestro Señor". A menudo pensamos que la muerte de Cristo había sido planeada desde el comienzo, ¡y en efecto así fue! Pero este versículo enseña que el plan divino de revelar su sabiduría al universo mediante su iglesia también es parte del "propósito eterno" de Dios.

Con todo, ¿de qué modo nosotros hemos de ser usados en la revelación de esta sabiduría?

"Somos hechura suya, *creados en Cristo Jesús para buenas obras*, las cuales Dios preparó de antemano para que anduviésemos en ellas" (Efesios 2:10).

Nosotros no solamente fuimos creados para buenas obras, sino que estas obras fueron preparadas "de antemano", así como se ideó desde el principio el plan de que la iglesia mostrase la sabiduría de Dios. ¿Existe alguna relación entre nuestras buenas obras y la sabiduría de Dios que es revelada a un universo que observa lo que pasa?

¡Ciertamente! "En esto es glorificado mi Padre dijo Jesús, en que llevéis mucho fruto" (Juan 15:8). "Así alumbre vuestra luz delante de los hombres dijo también el Señor, para que vean vuestras buenas obras, y glorifiquen a vuestro Padre que está en los cielos" (Mateo 5:16).

El libro de Job muestra que Dios fue glorificado ante "los principados y potestades en los lugares celestiales" mediante el carácter y las buenas obras de Job, cuya fidelidad bajo la adversidad probó ante la mirada de los "hijos de Dios", los seres celestiales mencionados en el primer capítulo, que las acusaciones de Satanás eran erróneas. No es de sorprenderse que Pablo escriba que somos un espectáculo a los hombres y a los ángeles (ver 1 Corintios 4:9).

La idea de que Dios es glorificado en su pueblo representa un concepto crucial, y se encuentra en otras partes de la Biblia. "Que a los afligidos de Sión se les dé gloria en lugar de ceniza, óleo de gozo en lugar de luto, manto de alegría en lugar del espíritu angustiado; y serán llamados árboles de justicia, plantío de Jehová, para gloria suya" (Isaías 61:3). "Tu pueblo, todos ellos serán justos,... para glorificarme" (Isaías 60:21).

En Génesis 3:15, donde aparece la primera promesa evangélica, Dios le dice al diablo: "Y pondré enemistad entre ti y la mujer, y entre tu simiente y la simiente suya; ésta te herirá en la cabeza, y tú le herirás en el calcañar".

Sabemos que en el Calvario Jesús hirió mortalmente la cabeza de la serpiente. Sin embargo, en Romanos 16 el apóstol Pablo escribe a los creyentes advirtiéndoles contra los falsos maestros. En el versículo 19 dice que quisiera que los cristianos fuesen "sabios para el bien, e ingenuos para el mal". Luego, en el versículo siguiente, dice que "el Dios de paz aplastará en breve a Satanás bajo *vuestros* pies".

¡Bajo nuestros pies! ¿Dios aplastará a Satanás bajo los pies de los creyentes? Obviamente Pablo se está refiriendo a Génesis 3:15, donde se le informa a Satanás de su futura desaparición. Sin embargo, Pablo implica que los creyentes tendrán una parte en esa destrucción. ¡Aquí hay un texto escrito miles de años antes de la cruz que muestra que el pueblo de Dios tendrá participación en la derrota del diablo!

¿Cómo podemos herir a Satanás? ¿Podemos literalmente aplastarlo bajo nuestros pies? Difícilmente. En cambio, a través del poder de Cristo que mora en nosotros, podemos permitir que Jesús nos transforme a su imagen, permitiéndole que nos dé la victoria sobre todos nuestros pecados, permitiendo que nos haga "sabios para el bien" e "ingenuos para el mal", y así, mediante los caracteres que formamos, tributamos gloria a Dios. Mostramos que las acusaciones del diablo contra la ley de Dios son erróneas. *¡La ley de Dios puede guardarse; y él nos usará para ayudar a demostrarlo!*

¿Qué otra evidencia prueba que no todo lo que las huestes celestiales necesitaban conocer en cuanto al plan de salvación se manifestó en la cruz? ¿Y qué otra cosa usará Dios para contestar esas preguntas?

Imaginémonos el santuario en el desierto. El altar del holocausto o de sacrificios simbolizaba la cruz. La fuente de bronce representaba la purificación. El Lugar Santo simbolizaba la reconciliación y el perdón, y en él estaban el candelero de oro (un símbolo del Espíritu Santo), la mesa de los panes de la proposición (un símbolo de Jesús), y el altar del incienso (símbolo de la justicia de Cristo que asciende con nuestras oraciones).

El Lugar Santísimo era donde ocurría el juicio. El arca contenía los Diez Mandamientos, que expresaban la ley de Dios, y el propiciatorio de oro que cubría el arca simbolizaba la misericordia de Dios al tratar a aquellos que quebrantan esa ley. Por encima del propiciatorio estaban los dos ángeles que miraban hacia abajo, símbolo del interés de las huestes celestiales en el plan de redención.

Aquí los judíos tenían una representación pictórica de todo el plan de salvación: expiación, perdón, justificación, confesión, santificación, juicio, ¡todo estaba allí!

Ahora bien, si todo lo que la hueste celestial necesitaba conocer en cuanto al plan de salvación fue revelado en la cruz, entonces, cuando el Señor hizo el modelo del santuario (un símbolo de ese plan), ¿por qué no colocó esos dos querubines *–que simbolizaban el interés de la hueste celestial–* en la salvación sobre el altar del sacrificio, contemplando aquello que simbolizaba la cruz? En cambio, Dios los colocó en el Lugar Santísimo, ¡contemplando el juicio!

¡Para simbolizar el interés del cielo, Dios no eligió la cruz sino el lugar donde ocurre el juicio investigador!

Esta posición no desmerece en absoluto lo que Jesús cumplió en la cruz. En cambio, simplemente muestra que en lo que se refiere a todos los habitantes del universo y cada uno está involucrado en el gran conflicto no todo fue contestado en el Calvario. En cambio, el juicio sí les da respuestas, razón por la cual el Señor colocó a los ángeles en el Lugar Santísimo, contemplando el juicio, y no en el altar de holocaustos, observando el Calvario (había ángeles bordados en las cortinas del Lugar Santo, pero esa representación no es tan vigorosa como la de los dos ángeles de oro). Aparentemente, el juicio también está involucrado en la contestación de las preguntas del universo.

Notemos Romanos 3:4, que declara que Dios mismo está siendo juzgado. "Sea Dios veraz, y todo hombre mentiroso; como está escrito: para que seas justificado en tus palabras, y venzas *cuando fueres juzgado*".

La Biblia de Jerusalén reza: "Dios tiene que ser veraz y todo hombre mentiroso, como dice la Escritura: para que seas justificado en tus palabras y *triunfes al ser juzgado*".

En la Versión de Torres Amat, leemos este pasaje de la siguiente manera: "Siendo Dios, como es, veraz, y mentiroso todo hombre, según aquello que David dijo a Dios: a fin de que tú seas reconocido fiel en tus palabras y salgas vencedor *en los juicios que de ti se hacen*".

Y la versión de Nácar-Colunga rinde así este pasaje: "Hay que confesar que Dios es veraz y todo hombre falaz, según está escrito: Para que seas reconocido justo en tus palabras, y triunfes cuando fueres juzgado".

Este versículo, tal como aparece en diferentes versiones, comunica la idea de que Dios mismo es sometido a juicio, que él será juzgado y que el resultado de ese juicio vindica a Dios. "Y triunfes *cuando fueres juzgado*".

La Versión King James en inglés dice: "Para que puedas ser justificado en tus dichos, y puedas vencer cuando *tú eres juzgado*".

El versículo que se cita en este pasaje está tomado del Salmo 51: "Ten piedad de mí, oh Dios, conforme a tu misericordia; conforme a la multitud de tus piedades borra mis rebeliones. Lávame más y más de mi maldad, y límpiame de mi pecado... para que seas reconocido justo en tu palabra, y tenido por puro en tu juicio" (versículos 1-4).

David le está pidiendo a Dios que lo limpie de pecado, que lo lave de iniquidad, y que borre sus rebeliones. ¿Por qué? "Para que seas [Dios] reconocido justo en tu palabra, y tenido por puro en tu juicio". En otras palabras, Dios será "reconocido justo" y "puro" según la manera como trata el pecado de su pueblo.

Otras versiones transmiten una idea semejante: "De suerte que quedes justificado cuando sentencies y aparezcas sin tacha cuando juzgues" (Salmo 50:6, Versión de Bover-Cantera). Aquí se transmite brillantemente la idea de que Dios será juzgado por la manera como juzga a su pueblo. En realidad, el Salmo 51 no sólo habla de la limpieza del pecado, sino de que el pecado sea borrado también. ¿Cuándo es borrado el pecado? En el juicio, en el Lugar Santísimo del santuario, donde los dos ángeles, simbolizando el interés del cielo, están sobre el propiciatorio. Obviamente, Dios ganará su caso, prevalecerá o "será reconocido justo" en el juicio, cuando borre nuestros pecados. "Jehová de los ejércitos será exaltado en juicio" (Isaías 5:16).

¿Ante quiénes será "exaltado", o "vindicado" o "reconocido justo"?

En Daniel 7 vimos una descripción del juicio investigador, que fue dado "a los santos" (versículo 22). ¿Y quiénes comparecieron ante Dios cuando comenzó la sesión? "Millares de millares le servían, y millones de millones asistían delante de él; el Juez se sentó, y los libros fueron abiertos" (versículo 10). Literalmente, millones de seres celestiales –simbolizados por los dos querubines en el Lugar Santísimo– presencian el juicio del pueblo de Dios. Debido a que todos los habitantes del universo están involucrados e interesados en el gran conflicto y en el plan de salvación, Dios cita este juicio divino ante ellos. Su universo no funciona como un Estado fascista, en el que se arresta, juzga y sentencia al pueblo en secreto. En cambio, Dios hace frente a las preguntas sobre el pecado y la rebelión en una manera completamente abierta, ante todo el cielo, quienes verán cómo sus preguntas en cuanto al carácter de Dios son contestadas. Dios mismo será considerado "justo cuando él juzgue".

¿Cuál es el mensaje del primer ángel? "Temed a Dios, y dadle gloria, *porque la hora de su juicio ha llegado*" (Apocalipsis 14:7). ¿Significa esto que Dios comienza a juzgar, o este versículo se refiere al comienzo del proceso por el cual Dios mismo es juzgado: "La hora de su juicio"? ¡Puede significar ambas cosas! ¡Se está juzgando su manera de juzgar! Apocalipsis 14:7 anuncia el mensaje de que la hora del juicio de Dios "ha llegado". El juicio comienza en el capítulo 14. Dos capítulos más adelante, en el tiempo de las plagas (que significa que el tiempo de prueba ya ha terminado, algo que no había ocurrido en Apocalipsis 14) los seres celestiales exclaman: "Ciertamente, Señor Dios Todopoderoso, tus juicios son verdaderos y justos" (Apocalipsis 16:7).

¿Cómo saben que sus juicios son verdaderos y justos? Porque fueron testigos en la escena del juicio. Es por esto que declaran: "Justo eres tú, oh Señor, el que eres y que eras, el Santo, porque *has juzgado estas cosas*" (Apocalipsis 16:5).

¡Dios es justo "porque" ha "juzgado estas cosas"!

Con toda claridad la Biblia enseña que no todo lo que el universo necesitaba saber en cuanto a la "multiforme sabiduría de Dios" se aprendió en el Calvario. Dios les iba a dar más. Y dos cosas que él usará para contestar estas preguntas serán el desarrollo del carácter de su pueblo y el juicio en el cielo.

Cuando estos dos puntos se establecen claramente, estamos listos para comprender el juicio investigador.

Capítulo Once

Si usted estudia el culto en el santuario terrenal, hay algo que se destaca claramente: el orden. Cada detalle, desde la forma de los muebles hasta cada parte de los sacrificios recibe atención. Dios es un Dios de orden; él maneja el universo de una manera ordenada. Y tal como el santuario terrenal lo muestra, él también enfrenta el problema del pecado y la rebelión de una manera ordenada. Dios podría haber borrado el pecado y a Satanás instantáneamente. En vez de eso, Dios solucionará el gran conflicto en una forma ordenada y amplia, ante todos los "principados y potestades en los lugares celestiales".

En el culto del santuario terrenal, después que una persona pecaba, traía un animal sin defecto al santuario. Entonces colocaba su mano sobre la cabeza del animal y lo mataba ante el Señor (Levítico 4:4). La colocación de las manos simbolizaba el paso del pecado del pecador culpable al animal inocente. Después que el animal moría, los sacerdotes en una de muchas maneras llevaban la sangre y la manipulaban en el patio o el santuario en sí. Esta manipulación involucraba la transferencia del pecado (en la forma de sangre) al área del santuario. Esta es la idea que se da en Levítico 10:17-18 cuando el Señor dice al sacerdote: "¿Por qué no comisteis la expiación en lugar santo? Pues es muy santa, y la dio él a vosotros para *llevar la iniquidad de la congregación*, para que sean reconciliados delante de Jehová. Ved que la sangre *no fue llevada dentro del santuario*".

Un pecador viene al santuario con su sacrificio. Confiesa su pecado sobre el animal. Sus pecados se transfieren al animal, el que muere en lugar del pecador. El sacerdote entonces toma la sangre que "lleva" el pecado y el sacerdote "lleva la iniquidad" hasta que trae la sangre "con pecado" al interior del santuario, donde los pecados permanecen. Esta secuencia pecado del pecador al, animal, al sacerdote, al santuario sucedía diariamente (¿recuerda el sacrificio diario?).

Durante el año, desde luego, se transfería una gran cantidad de pecado al santuario. En el Día de la Expiación, el gran día de juicio, el santuario debía ser limpiado de ese pecado. Debían sacarse todos los pecados que habían entrado en él.

"Así purificará el santuario, a causa de las impurezas de los hijos de Israel, de sus rebeliones y de todos sus pecados" (Levítico 16:16).

El santuario necesitaba la expiación, no porque hubiese pecado, sino porque todos los pecados de Israel habían sido colocados en él. Y de la misma forma en que la expiación para una persona involucraba la transferencia del pecado de aquel individuo a otro ser, la expiación en favor del santuario involucra la transferencia del pecado del santuario a otra entidad.

En el Día de la Expiación se traía nuevamente la sangre hacia el santuario, donde se asperjaba en el segundo apartamento. Sin embargo, no se menciona la colocación de las manos sobre el animal cuya sangre se utilizaba. En otras palabras, no se había confesado pecado alguno sobre los animales en esta parte del servicio. Esta era sangre "limpia", la que se traía primero, sin pecados confesados sobre ella. Esta sangre "limpia" entonces "adquiría" todos los pecados (tal como recogía el pecado del pecador individual) y los quitaba del santuario. El sacerdote entonces salía del santuario luego que lo había purificado de "las iniquidades de los hijos de Israel" (por medio de la sangre), que ahora "llevaba" todos los pecados traídos al santuario durante el año. Según el texto, ahora "pondrá... sus dos manos sangrientas por causa del asperjamiento sobre la cabeza del macho cabrío vivo, y confesará sobre él todas las iniquidades de los hijos de Israel, todas sus rebeliones y todos sus pecados, poniéndolos así sobre la cabe del macho cabrío, y lo enviará al desierto por mano de un hombre destinado para esto. Y aquel macho cabrío llevará sobre sí todas las iniquidades de ellos a tierra inhabitada" (Levítico 16:21-22).

En el servicio anual, todos los pecados traídos al santuario (por medio del culto diario) eran sacados por el sacerdote, quien los confesaba sobre el chivo emisario el que debía llevar todas esas iniquidades acumuladas durante el año. El chivo emisario simboliza a Satanás quien finalmente llevará todos los pecados que hizo cometer a los hijos de Dios. (En la tradición judía, este chivo emisario simboliza a Azazel, el líder de los ángeles rebeldes).

Imaginemos que el pecado es algo así como un desecho radiactivo: la sangre es la vasija, y el santuario es un almacén temporario. El desecho va desde el pecador hacia el animal y luego (por medio de la sangre) hasta el sacerdote, quien lo guarda en el santuario. Entonces, en un día especial (nuevamente por medio de la sangre) se desechan en una "tierra inhabitada", o en un lugar donde no puedan hacer daño.

Este culto en el santuario terrenal involucraba la transferencia del pecado, del pecador al verdadero responsable del pecado: el diablo. Todo esto se hacía de una manera ordenada y franca.

El servicio terrenal simbolizaba el verdadero culto en el cielo. El santuario terrenal era una copia y una "sombra de las cosas celestiales" (Hebreos 8:5). El animal inmolado simbolizaba a Jesús, "el Cordero de Dios, que quita el pecado del mundo" (Juan 1:29).

¿Adonde es que él lleva nuestros pecados? Como sabemos, Jesús "llevó él mismo nuestros pecados en su cuerpo" (1 Pedro 2:24). Después fue al cielo donde funciona como nuestro sumo sacerdote. Y de la misma forma en que la intercesión del sacerdote terrenal en favor de Israel involucraba el quitar los pecados del pueblo y colocarlos en el santuario, la intercesión de Jesús a nuestro favor en el cielo hace lo mismo. "Tenemos tal sumo sacerdote, el cual se sentó a la diestra del trono de la Majestad en los cielos, ministro del santuario, y de aquel verdadero tabernáculo que levantó el Señor, y no el hombre" (Hebreos 8:1-2).

Cuando confesamos nuestros pecados, se nos perdonan y se nos quitan, a la vez que se nos considera perdonados en el santuario celestial, de la misma forma en que fueron colocados simbólicamente en el santuario terrenal, donde también fueron perdonados. Y al igual que en el caso del santuario terrenal, el celestial también será purificado de esos pecados, los que algún día caerán sobre aquel responsable de ellos: Satanás, simbolizado por el chivo emisario "Hasta dos mil trescientas tardes y mañanas; luego el santuario será purificado" (Daniel 8:14). "Fue pues, necesario que las figuras de las cosas celestiales [santuario terrenal] fuesen purificadas así [por medio de los sacrificios de animales]; pero las cosas celestiales mismas, con mejores sacrificios [Jesús] que éstos" (Hebreos 9:23).

Hebreos 9:28, hablando acerca de Jesús, dice: "Aparecerá por segunda vez, sin relación con el pecado, para salvar a los que le esperan".

¿Sin pecado? ¿Pecó Jesús alguna vez? ¡Desde luego que no! Pero él "se hizo pecado por nosotros" como el Cordero de Dios, y lleva nuestros pecados ahora como sumo sacerdote. Sin embargo, de la misma forma en que el santuario terrenal fue purificado de todo pecado, así también el santuario celestial será purificado. El pecado será echado fuera. Cristo terminará su mediación en el cielo. Se escuchará el clamor: "El que es injusto, sea injusto todavía;... y el que es justo, practique la justicia todavía" (Apocalipsis 22:11). Jesús regresará "sin pecado", y se colocarán sobre el diablo todos los pecados que ha cometido el verdadero Israel de Dios desde Adán.

¿Por qué es que Dios utiliza este sistema complicado cuando podría haber erradicado el pecado y al diablo instantáneamente? Porque Dios quería mostrar a todo el universo su justicia y su misericordia en su trato con el pecado y la rebelión. Cristo murió, y ahora sirve como sumo sacerdote en el santuario celestial, para erradicar el pecado, salvar a la humanidad, y castigar al diablo de una manera ordenada que no deje dudas en las mentes del universo espectador. Este podrá ver la misericordia de Dios en la forma en que perdona nuestros pecados y su justicia en el hecho de que finalmente los coloca sobre el instigador de toda maldad.

¿Qué tiene que ver con nosotros esta purificación del santuario?

Tiene mucho que ver, porque en el Día de la Expiación el santuario no era lo único que era purificado. "En este día se hará expiación por vosotros, y seréis limpios de *todos vuestros pecados* delante de Jehová" (Levítico 16:30). Las personas también eran purificadas. Como el santuario, las personas son limpiadas de "todos" sus pecados.

¿Cuáles son los elementos que, además de la cruz, Dios utilizará para "manifestar su sabiduría" a los "principados y potestades en los lugares celestiales"? El juicio, que es también el Día de la Expiación, es uno de éstos; y el pueblo que obedece su ley, que lleva frutos, que son limpios de pecado, es otro.

¡En el Día de la Expiación, estos dos elementos se cumplen! Si una persona, al llevar mucho fruto, trae gloria a Dios, imagine cómo será cuando todo el pueblo lo hace. De hecho, el Día de la Expiación era la culminación, un símbolo anual de lo que Dios desea en realidad: un santuario celestial limpio de pecado, y un pueblo sobre la tierra limpio de pecado, todo esto ante la observación del universo.

La conexión entre el juicio y un pueblo limpio y santo se encuentra en otras partes. En Malaquías 3 vemos el juicio: "Y vendrá súbitamente a su templo el Señor a quien vosotros buscáis". "Y vendré a vosotros para juicio" (versículos 1, 5). En el primer versículo se percibe movimiento, Dios va a su templo. En las escenas de juicio de Daniel 7, también vemos a Dios en movimiento. ("Fueron puestos tronos, y se sentó un Anciano de días". "He aquí... que venía uno como un hijo de hombre". "Vino el Anciano de días".) Malaquías se refiere a este juicio.

Sin embargo, en medio de este juicio, ¿qué sucede con el pueblo de Dios? "El es como fuego purificador, y como jabón de lavadores. Y se sentará para afinar y limpiar la plata; porque limpiará a los hijos de Leví, los afinará como a oro y como a plata" (versículos 2-3).

¿Qué hará Dios con su pueblo mientras transcurra el juicio? Los estará purificando, purgando, limpiándolos (con jabón de lavadores). En el mensaje a Laodicea, la iglesia que vive durante el juicio, el Señor utiliza las mismas imágenes que Malaquías. "Yo te aconsejo que de mí compres oro refinado en fuego" (Apocalipsis 3:18).

Aquí, al igual que en Levítico 16, se relaciona el juicio con la purificación y la limpieza del pueblo de Dios. ¡El pueblo de Dios será purificado durante el juicio!

Note el versículo que precede a Malaquías 3. "Habéis hecho cansar a Jehová con vuestras palabras. Y decís: ¿En qué le hemos cansado? En que decís: Cualquiera que hace mal agrada a Jehová, y en los tales se complace; o si no, ¿dónde está el Dios de justicia?" (Malaquías 2:17).

Observe los conceptos presentados: el desarrollo del carácter ("Cualquiera que hace mal agrada a Jehová") y el juicio ("¿Dónde está el Dios de justicia?"). Las personas dicen que no importa si usted hace maldad, Dios se deleita en usted de todas formas. Y entonces dudan de la idea de un juicio.

No es una coincidencia que aquellos que desdeñan la obediencia también desdeñen el juicio, porque la obediencia y el juicio están inseparablemente unidos. Y este asunto es precisamente lo que enfrentamos hoy. Aquellos que dudan sobre la importancia de la obediencia, que dicen que Dios se deleita en nosotros a pesar de nuestro pecado, son los mismos que dudan de la existencia del juicio investigador. Disminuya la importancia de la obediencia, e inevitablemente disminuirá la importancia del juicio.

Y sin embargo, ¿cuál es la respuesta de Dios a estas actitudes? Comienza con los primeros versículos de Malaquías 3, donde el Señor habla acerca de un juicio y del carácter refinado y purificado que su pueblo manifestará en ese juicio.

En fin de cuentas, ¿cuál es el mensaje del primer ángel? "Temed a Dios, y dadle gloria, porque la hora de su juicio ha llegado" (Apocalipsis 14:7). Note que una parte del mensaje del tercer ángel describe el carácter del pueblo de Dios durante el juicio. "Aquí está la paciencia de los santos, los que guardan los mandamientos de Dios, y la fe de Jesús" (Apocalipsis 14:12).

Observe cuáles son los elementos. Se nos pide que demos gloria a Dios. ¿Cómo glorificamos a Dios? Por medio de la obediencia, produciendo frutos, permitiéndole que nos limpie. ¿Será una coincidencia, entonces, que su pueblo sea descrito como aquellos que "guardan los mandamientos de Dios, y la fe de Jesús"? De ninguna forma. ¡Qué mejor manera de glorificar a Dios que obedeciendo sus mandamientos y teniendo la fe de Jesús!

También vimos que el juicio da gloria a Dios a él se le juzga y glorifica de acuerdo a cómo él nos juzga a nosotros, y el juicio es parte de este mensaje también. "La hora de su juicio es venida".

Aquí, tal como vimos en Levítico y Malaquías, se encuentra el concepto del juicio relacionado con un pueblo obediente.

Así que el meollo del juicio investigador, en lo que se relaciona con nosotros, es que durante su juicio, Dios preparará a un pueblo limpio de "todo pecado", un pueblo "refinado" como "oro y plata", un pueblo que "guarda los mandamientos de Dios".

De hecho, ese mismo capítulo de Apocalipsis habla nuevamente sobre la condición del pueblo de Dios en el fin. "Y del templo salió otro ángel, clamando a gran voz al que estaba sentado sobre la nube: Mete tu hoz, y siega; porque la hora de segar ha llegado, pues la mies de la tierra está madura" (versículo 15).

Al pueblo de Dios se lo describe como maduro.

¿Cómo se describe a los impíos? "Y salió del altar otro ángel, que tenía poder sobre el fuego, y llamó a gran voz al que tenía la hoz aguda, diciendo: Mete tu hoz aguda, y vendimia los racimos de la tierra, porque sus uvas están maduras" (versículo 18). Entonces dice que estas uvas serán echadas "en el gran lagar de la ira de Dios" (versículo 19).

Aquí se describe a los impíos como maduros.

Observe el contraste. Dios tendrá un pueblo obediente a su ley, un pueblo refinado, purificado y limpio: un pueblo maduro. Cuando Cristo concluya su mediación en el cielo, su Espíritu será quitado de la tierra, y excepto por su remanente pequeño y obediente, Satanás tendrá un control irrestricto sobre el resto del mundo. No es de extrañarse, entonces, que el pueblo de Satanás esté "maduro".

Este maduramiento ocurre poco antes de la segunda venida, donde la separación entre los convertidos y los no convertidos produce este contraste notable entre la santidad madura y la maldad madura. En medio de la deslealtad mundial, Jesús tendrá un pueblo que "guarda los mandamientos de Dios" mientras el universo, en una escala mayor que nunca antes, verá el contraste entre la obediencia y la desobediencia.

Dios está buscando refinar y purificar a un pueblo para que guarde los mandamientos, a un pueblo que pueda estar de pie en el día del juicio. El juicio, por lo tanto, es un llamado crucial a la santificación. Es la hora de perfeccionar "la santidad en el temor de Dios" (2 Corintios 7:1).

Tal como el día simbólico de la expiación era un momento especial de análisis, arrepentimiento y preparación, cuánto más lo es el verdadero Día de la Expiación en el cual hemos estado viviendo desde 1844. Al igual que en el día de juicio terrenal, Dios busca limpiarnos de todo pecado. ¡El juicio es importante en nuestras vidas, porque Dios desea prepararnos para que salgamos victoriosos en él!

Jesús dijo que se espera mucho de quien mucho ha recibido, ¿y a quiénes se les ha dado más que a los adventistas? Con nuestro entendimiento sobre el gran conflicto, el Calvario, la ley, la historia sagrada, la dieta, la salud, la mente, la educación, etc., ¿qué más podría hacer Jesús para prepararnos para nuestro encuentro con él? Debiéramos permitir que Jesús nos haga los cristianos más maduros sobre la tierra.

Sin embargo, el pueblo "maduro" de Dios no se salva porque "guardan los mandamientos de Dios", sino porque tienen la "fe de Jesús". Estar de pie en el juicio no tiene nada que ver con legalismo, que es una salvación por las obras. Aquellos que viven en este tiempo se salvan en base a lo mismo que salvó al ladrón en la cruz: la justicia de Jesús para ellos, en lugar de ellos, imputada a ellos. Cuando sus nombres surjan durante el juicio, Dios ofrecerá su sangre y su justicia en su lugar. ¡El desarrollo del carácter, cuando se lo entiende en el contexto de glorificar a Dios, no es legalismo!

Sin embargo, por medio del poder del Espíritu Santo que mora en el corazón, Dios tendrá a un pueblo que estará dispuesto a morir con tal de no quebrantar la ley. Jesús promete poder para vencer cualquier pecado, y podemos reclamar ese poder y obtener la victoria por medio de Cristo ahora mismo.

La obediencia, la santidad, la santificación: éstas son las invitaciones que nos hace el juicio, y si no las anunciamos, Dios utilizará a otras personas que estén dispuestas a hacerlo.

Dos cosas ocurrirán simultáneamente, aunque estemos o no involucrados como pueblo. En el cielo, Dios habrá concluido el juicio, purificado el santuario, limpiado el pecado de su pueblo: todo ante el universo como testigo, cuyos integrantes claman: "Justos y verdaderos son tus caminos, oh Señor". Al mismo tiempo, sobre la tierra, Dios será glorificado por el desarrollo del carácter y la obediencia de su pueblo, quienes, a pesar de la apostasía y deslealtad mundial, guardan sus mandamientos.

Habrá un santuario purificado en el cielo y un pueblo purificado en la tierra, y el pecado finalmente recaerá sobre aquel que lo comenzó. En el cielo y en la tierra, debido a la obra de Dios en ambas esferas, sus caminos desplegados ante "los principados y potestades en los lugares celestiales" se verán como justos, perfectos y verdaderos.

¿Cuál es la esencia del juicio y su importancia para nuestras vidas hoy? De la misma forma en que Dios borra nuestros pecados que han sido registrados en el cielo, nosotros debemos amar a Jesús lo suficiente como para permitir que él borre nuestro pecado aquí en la tierra, de forma que él pueda ser glorificado ante todo el universo.

He aquí nuestro llamado. He aquí la verdad presente. Y he aquí la importancia del juicio para nuestras vidas hoy.